にじ色ライフプランニング入門

ゲイのFPが語る〈暮らし・お金・老後〉

永易至文 著
NAGAYASU,Shibun
にじ色ライフプランニング情報センター主宰

もくじ

パート2 気になることとの向きあい方——住まい、保険、病気

ペアルック…!?
かわい〜

0章 ゲイ的ライフプランニングへようこそ！

年の取り方がわからない？

こんにちは

この本を手にとっていただいてありがとうございます。この本の著者の、永易至《ながやすし》文《ぶん》です。ゲイで、生業《なりわい》的にはそのことをオープンにしてライターや編集者をしています。一般の出版社で仕事もしてきましたが、ゲイコミュニティでも『ジーメン』などゲイ雑誌で「ゲイの老後」や暮らしをテーマにコラムや記事を執筆してきました。買物依存で大借金を作ったゲイ、親の介護をするゲイ、長年のカップル暮らしのゲイ、73歳のゲイ……いろんな取材をさせてもらいました。そうした取材で知ったことをもとに、『同性パートナー生活読本〜同居・税金・保険から介護・死別・相続まで』（緑風出版）という本をまとめたこともあります。また、暮らしやお金の問題をあらためて勉強してみようと、2級ファイナンシャルプランニング技能士という資格をとってみました。なんちゃってＦＰです。２０１０年からは新宿二丁目の

ファイナンシャルプランニング技能士
国家資格である技能検定制度の一種で、貯蓄・投資等のプランの立案・相談（ファイナンシャル・プランニング）に必要な技能に関する学科および実技試験があります。名称独占資格。

ａｋｔａ
新宿二丁目にあるゲイ向けエイズ啓発のため国が事業として設置してあるフリースペース。国がゲイ向けに予算を使う数少ない事業。

akta《アクタ》という、二丁目の公民館みたいなフリースペースで、「同性愛者のためのライフプランニング研究会（LP研）」という集まりを開いてきました。

同性愛者の老後や暮らしの問題って、なに？　そうお思いのかたもいるかもしれませんね。なぜ私が同性愛者の暮らしの問題、とくに中高年からの老後の暮らしに関心をもつのかを、最初に少しお話してみたいと思います。

私は1966年、昭和41年の丙午《ひのえうま》生まれで、この夏で46歳になります。1986年、大学進学のため東京に来て以来、80年代の末頃からゲイ雑誌『アドン』に出ていた情報などを頼りに、ゲイのコミュニティ――私の場合はあるゲイサークルに参加して活動するようになりました。当時はネットもツイッターもありませんから、ゲイ雑誌を買ってその文通欄で友だちを探すとか、情報欄に載っている集まりへ行ってみる、などというのがほとんど唯一のゲイの情報ルートでした。懐かしそうな顔をされているかた、ありがとう！

そして1990年代、突然、「黒船」が来ます。『クレア』という女性雑誌が「ゲイルネッサンス91」という特集を組み、そこで男性同性愛者への一大イメージチェンジが起こったのです。表紙のコピーにはこうあります――「ゲイと呼ばれる人びとって、アートに強くて繊細で、ちょっといじわる」。絶対勘違いだと思うのですが、「アートがわからなくて鈍感で、とってもいじわるなうちらはどうしたらいいの」という私たちの当然の困惑をよそに、世の中にゲイブームという現象が起こったのです。同性愛に関する情報がテレビや雑誌、書籍の出版など、マスメディアにあふれました。ついにはゲイをテーマとしたテレビドラマがゴールデンタイムにキー局からオンエア。西村和彦、高島政弘、山口達也が演じるどろどろの三角関

LP研　毎月最終日曜に、aktaで開催してきました。はじめ1時間に永易からの情報整理、後半1時間はフロアから質問や事例紹介などで、毎回20～30名、多いときには40名ほどの参加がありました。性別・セクシュアリティを問わず参加できます。

アドン　編集長の南定四郎さんがいわゆるゲイリブ活動に熱心で（90年代にご自身も同性愛者のパレードを呼びかけた）、ネット発達以前はアドン誌の情報欄が全国のサークル等の共通掲示板のようなものでした。

文通欄　ネット以前のゲイの出会い方は、自分のプロフィールや交際相手の希望をゲイ雑誌に投稿し、編集部経由で回送されてきた手紙で知り合うものでした。投稿したことを忘れて

係とミスチルの主題曲で話題になった「同窓会」です。放送日には、二丁目がカラになったと伝えられます（まるで「君の名は」の再来ですね）。

社会でのゲイブームは当然、ゲイ当事者側の活動を促進しました。各地に同性愛者のグループが生まれ、さまざまな動きが活発になります。また、性の解放の雰囲気のなかでトランスセクシュアル／トランスジェンダーの人たちの活動も盛り上がっていきます。これらを「90年代リブ」と言ったりします。

もちろん同性愛者はその以前からずっと存在し、ゲイバーなどの場もあったわけですが、この時期、ゲイとしての自己を受け入れ、「一生をゲイとして生きよう」とした若い人たちの層が生まれたのだと思います。それ以前は、一定の年齢が来ると「ゲイを卒業」して異性と結婚するのが当たり前でしたから。

90年代リブの当事者は当時の20代の若者、１９６０年代から70年代初め生まれの世代です。さて、その時代から20年経ちました。当時の若者も20歳、年をとりました。90年代のおかげで自分がゲイであることはＯＫだと思っている。でも、それで一生を生きていくってどういうことなんだ？　という問いを中年の現在、あらためて突きつけられているわけです。

若いころは、「いまのままの自分でいい」がテーマでした。でも、40歳を越えると、「いまのままの自分じゃダメ」なんです（笑）。まさに今の私です。ところが、ゲイとして年をとる、老後を送る、と言っても、上の世代を見たときに、結婚をしている人が多くモデルケースになる人があまり見当たりません。モデルケースのないなかで、「ゲイの老後」はどうするのか？　いまその関心がいっそう切実になっていると思います。

いたころポストに入っていた、見知らぬ差出人の手紙に、「あっ」と思った経験をしたことがなつかしいです。

クレアの表紙コピー

ゲイと呼ばれる人々って、
アートに強くて、繊細で、ちょっと意地悪。
彼らと話すと、
とっても気持ちがなごむのはナゼ？
ストレートの退屈な男とでは
味わえない
フリーな感覚。
女を超えた男たちからの
過激なメッセージはけっこう深い。

いま読むとかなり笑えます。

お笑い「ゲイの人生すごろく」

ここでゲイの人生、なにが起こるのか。「ゲイの人生すごろく」を考えてみましょう。ネットを始めとした情報や、さまざまな出会いの場の発達で、自分がゲイであることに気づいたり、それを前向きに受け入れることが、昔にくらべてずいぶんラクになりました。10代のころ、自身がゲイであることを受け入れた若者は、20代、30代の時期、元気一杯にゲイライフを満喫していきます。バーやクラブでの出会い、ハッテン場でのクルージング、ネットで募集の乱パ……なにをやっても楽しく、そのなかで人との出会いと別れを重ね、ときには恋人と同棲を経験することもあります。ゲイは身体が資本とばかりにジムへ行けば、若い身体はどんどん効果が現れます。そして年に何度も、タイへ、ソウルへ、沖縄へ、台北へ……。ゲイは飛行機が大好きです。

ノンケのように結婚をして子どもがいるわけではないので、子の教育費を工面する必要がなく、可処分所得が高く、ジムやアート、ファッションなどの自己投資、また旅行などレジャーに励むことができると言われます。これをとらえて日本でもゲイマーケットの可能性が語られることがありますが、それを光の面とすれば、陰の面にはＨＩＶ感染やうつ発病の広がり、バランスを崩してのさまざまな依存症の広がりがあることは、見過ごしてはならない側面です。

実生活の面では就職をし、転職をし、人によっては一時リタイアして大学院へ戻ったり留学などを経験するかもしれません。職業キャリアの転換もまだまだ可能です。

問題はその先です。

君の名は

ＮＨＫが１９５２年に放送し、（女性の）多大な人気を得たラジオドラマ。「番組が始まる時間になると、銭湯の女湯から人が消える」とまで言われました。

90年代リブ

90年代はけっこう賑やかな時代でした。現在も作家として活躍する伏見憲明さんが『プライベートゲイライフ』を上梓し、一般人のカミングアウトが衝撃をもって迎えられたのが91年。同じ年、アカー（現、特定非営利活動法人動くゲイとレズビアンの会）が府中青年の家利用への都教委の対応をめぐって東京都を提訴。現在、「判例百選」にも載る人権裁判となりました。日本の同性愛者が、自身を「ゲイ」「レズビアン」という言葉を選んで呼ぶのが一般的になったのもこのころからです。

40代、50代になると、仕事もいよいよ多忙をきわめてゆきます。会社を辞め、独立・起業をする人もいるでしょう。

この時期、一つの問題は住宅でしょうか。購入するのか賃貸を続けるのか。購入するならローンの返済からいってもこのへんが限度でしょう。恋人と住むのか、老後もそこで住み続けるのか。子への相続がない身の上、買ったものをいずれどうするのか。恋人に相続させられるのか。家をめぐっては、ゲイならではのさまざまな論点がありそうです。いまはそこに天災の問題が加わってきました。家族がいるのではない身には、家を持つこと自体がリスクという考えもありそうです。

不動産のつぎに大きな買物と言われる「保険」にも、若いころ会社に回ってきたなんとかのおばさんに言われるまま入っていたものへ見直しが求められます。万一の場合の子どもや配偶者の生活保障を考えなくていいゲイは、保険とどうつきあうのか。同性愛者なりの保険とのつきあい方があるようです。

課題はそれだけではありません。この時期、親の介護があるかもしれません。地方から都市に出てきて、親やきょうだいと疎遠にしている人が多いゲイ。介護はそこに一つの決着を迫ってきます。親の死とその後の相続においても、同様の課題が生じるでしょう。

さらに中年期は自身の健康不安もあります。「がん、脳卒中、心筋梗塞」の3大疾病や生活習慣病の発病、入院・療養、そしてそれによる突然の収入途絶……。

なにより容姿・容貌の変化が抗いようもなく現れ、どこから見ても立派な「オヤジ」。性愛市場での売り方をふくめてアイデンティティのゆらぎ、いわゆるフォーティーズクライシス（40代の危機）に直面するかもしれません。家族・子どもがいないということは、夫・妻や父親・母親の役割を演じなくてすむ分、自身の年の取り方がわからなくなる面もあります。

しかし、人生はまだまだここで終わりません。このあと60代、70代の時期があるのです。

仕事をリタイアし、収入が無くなったあとの、いわゆる老後の資金計画について考える必要があります。60歳で退職しても平均寿命は85歳。残り25年をどうするのか。年金は現行65歳から出るとしても、それまでの5年間はどうするのか。相対的に収入に余裕がある40、50代に、収入が少ない人も少ない人なりに、貯蓄や運用、年金や保険について見直しておく必要があるでしょう。

また、老年期には老年期の住居問題があります。フローリングと間接照明のデザイナーズマンションも若いころにはいいけれど、年をとると転倒するとフローリングは痛いです、薄くなった目に間接照明は辛いです。賃貸の人も、高齢になってから転居するにはそれなりの困難があるようです。

自身の健康維持には、ますます注意が必要ですね。自身の介護、パートナーがいる人は相手の介護の問題も起こるかもしれない。そのとき病院や介護施設における対応はどうなのか。そして終末期。一人であったり同性パートナーとの暮らしであったりと、定型的な家族のかたちに納まらない私たちは、医療者や社会からどう取り扱われるのか。

いよいよお迎えが来たあとにも、葬儀や相続、死後の片付けやお墓という問題が残っています。お棺のなかからあれこれ指示をするわけにはいきません。したら怖いです。しかし、事前にできることはあるはずですね。

こうして見てくると、楽しいのは20代、30代だけで、あとはつぎからつぎへと課題の波状攻撃。でも、それはこれからのゲイライフ――ジムとクラブとハッテン場の三角生活にとど

楽しいのは20代、30代だけ
ある年代以上のゲイ男性のかたにはおわかりいただけると思いますが、私はよく戯れに、「人生は一本のラッシュに似たり」と言っています（ラッシュの説明は省略します）。「人生は一本のラッシュに似たり。おもしろいおもしろいでパッパ、パッパ吸っていたら、気づいたらほとんど残っていない。そしてどんなにお金を出しても、もうかわりを買うことはできません。これが人生だ――」。いや、永易さん、行くとこ行けば買えますよって、それ、悪魔との取引ですから。ホント、人生は大切に生きたいものです。

まらない次の私たちをどうつくるかが、問われているのだと思います。

老後の来ないゲイはいない

そんなことを考えながら、私はゲイ雑誌でコラムを連載したり、aktaで「ライフプランニング研究会（LP研）」を開催してきました。

世の中のしくみや制度は、いろいろ複雑です。もちろん解説本や解説ウェブサイトもたくさんあります。しかし、多くが「標準家族」――サラリーマンの夫がいて専業主婦の妻がいて子どもが2人いて――というモデルで解説されています。私たちゲイにはちょっと当てはまらない。私たちはシングル（単身）生活者に分類されます。パートナー・相方がいるといっても、法律上は赤の他人、せいぜい友人とみなされるにすぎません。私たちに現在の制度がそのまま当てはまるのかどうかは疑問です。

この本は、LP研での2年間にわたる取り組みをまとめたものです。世の中のしくみや制度を、それは同性愛者である自分たちに当てはまるのか、使いこなすにはどうしたらいいのかという視点で、情報整理していきました。研究会の参加者のみなさんからは、生身の同性愛者が直面しているさまざまな事例や実情を紹介していただき、それも随所に反映しています。貴重な発言をしてくださったみなさんには、心から感謝します。

老後の来ないゲイはいません。そろそろ老後が気になる人も、まだまだ老後に遠い人も、シングルの人も、パートナーがいる人も、ぜひこの本を手にとってみてください。ちょっと気づいていなかった「ゲイライフ」に、気づけるかもしれません。

この本の特徴

ゲイのFPによる、同性愛者のライフスタイルに合わせた解説

専門語を使わず、一読して理解できる徹底したわかりやすさ

あくまでも中間層や女性・若者の収入水準を想定した現実的内容

だれでもが生活のなかで実行できそうな、具体的な取り組みの提案

＊本書では、筆者が男性同性愛者のため「ゲイ」という言葉を使うことが多いですが、多くは男性同性愛者に限らず、男女同性愛者を指して使っています（レズビアンをゲイウーマンと言う用法もあります）。厳密な使い分けはしませんでした。そのことにご批判があるかもしれませんが、読者は（トランスのかた、シングルのかた、異性愛・非法律婚のかたも含んで）自由にご自分の情況に読み替えて、活用できる情報があれば活用いただければと思います。

同性愛者の

ライフプランニング、ここが肝!

給料から自動積み立てし、積み立てた分ははじめからなかったものと思う。（↓2章参照）

借金をしない、カードを持ち歩いて買物しない、収入の範囲内で暮らす。（↓2章参照）

「病気をしない」が貯蓄の第一。出費抑制と健康維持のためにタバコは止める。（↓2章参照）

自分の社会保険（健康保険、年金、労働保険）の加入情況や受給についてよく理解する。（↓3章参照）

所得税の算出方法を理解し、使える所得控除は最大限使い、当然の節税を行なう。（↓4章参照）

住まいは購入と決めてかからず、自身のライフプランと合わせて検討する。（↓5章参照）

生命保険、医療保険には入らない。入院時用貯金100万円を確保しておく。（↓2、6章参照）

発病・事故・突然死は自分にもある。緊急連絡先や発見してもらえる体制を作る。（↓7章参照）
親の介護や終末期について、情況をシミュレートしてみる。（↓8、9章参照）
親の遺産となりそうなものを把握し、相続税がかかりそうなら対策を検討する。（↓9章参照）
45歳以後、5年ごとにはキャッシュフロー表を作り、見通しをつけてみる。（↓1章参照）
40歳から毎年50万円貯金し、60歳の退職までの20年間で（年金外で）1千万円貯める。（↓2章参照）
55歳になったら定年以後のお金や住まいについて見通しをつける。（↓10章参照）
万一に備えて「医療における意思表示書」や財産処分のための「遺言」を作成する。（↓6、11、12章参照）
判断能力の衰えに備え、財産管理の委任のための任意後見契約を検討する。（↓11、12章参照）
葬儀や死後の希望については、「エンディングノート」などに書き記しておく。（↓11章参照）

パート1

知っておきたい お金と社会制度のこと

1章 自分でできる「お金のクリニック」

私の家計簿、どうなってる？

ゲイ的ライフプランニング入門、さっそく本編に入っていきましょう。

老後が不安、とだれもが口にします。不安の中身はさまざまでしょうが、その多くは「お金」にまつわるものかもしれません。

・自分の収入や支出の現状はどうなっているのか。自分でもわかんなくなってる……。

・旅行やジムや飲みや○○……、こうやって使っているけど、それで大丈夫なのか。

・この先、自分にはどれくらい収入があり、自分が死を迎えるまでともかくそれでやっていけるのか。

・もしも途中で足らなくなるとしたら、どうしたらいいの？

お金をめぐっては、さまざまな思いが胸をかけめぐるでしょう。

そうしたときファイナンシャルプランニングでは、「キャッシュフロー表」を作って考えてみます。人生の資金繰り表とでもいうものです。初めて作るときには若干の手間はかかりますが、お金と人生を考えるうえでなかなか便利なものです。紙と鉛筆があれば——今風に言えばパソコンのエクセルがあれば、できます。あとは自分のお金の現実に向きあう「勇気」があれば……（笑）。

まず最初に、現在の自分の収支状況をふり返ってみましょう。

自分には現在、どんな収入があるでしょう。ご自身の年収を把握していますか?

給与収入　勤めの人は、給料やボーナスなど給与収入があります。その額面から社会保険料と税金を差し引いた手取額が、自分で使うことのできる金額、つまり可処分所得です。

事業収入　フリーランスとか自営業をされているかたは、売上や報酬から仕入れその他の経費と社会保険料、税金を引いた金額が、自分で使うことのできる金額です。

多くのかたはこのどちらかでしょうが、両方が同等にあるとか、バイトをして給与を2か所からもらっているとか、いろいろのパターンがあるでしょう。ほかには株や債券を持っていて配当や利子があるとか、家作《かさく》（投資用マンションなど）があって家賃収入がある人もあるでしょう。

一方、支出にはどのようなものがあるでしょう。

基本生活費　食費、外食費、水光熱費、通信費（電話）、衣服費、交通費、通常の娯楽費（小遣い）など

住居費　家賃、住宅ローン、管理費、固定資産税など

保険料　生命保険、医療保険、損害保険など

源泉徴収票　年末にもらう源泉徴収票を見ると、差し引かれている源泉徴収税額（所得税、住民税）と社会保険料（健保、介護保険、厚生年金、労働保険）がわかります。

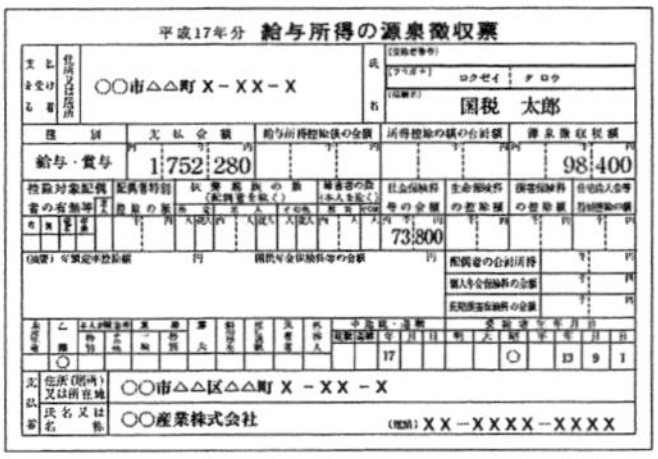
平成17年分　給与所得の源泉徴収票

支払を受ける者　住所又は居所　○○市△△町Ｘ－ＸＸ－Ｘ

氏名　ロクゼイ　タロウ　国税　太郎

種別	支払金額	給与所得控除後の金額	所得控除の額の合計額	源泉徴収税額
給与・賞与	1 752 280			98 400

社会保険料等の金額　73 800

支払者　住所（居所）又は所在地　○○市△△区△△町Ｘ－ＸＸ－Ｘ

氏名又は名称　○○産業株式会社　（電話）ＸＸ－ＸＸＸＸ－ＸＸＸＸ

車関係　駐車場、ガソリン、維持費、ローン、税金など

これらは毎月、定期的に出ていくものですね。固定経費とでも呼んでみましょう。そのほか、年間通してある程度の金額になりそうなものとして、

旅行費　自転車に乗るように飛行機に乗って、ゲイは旅行が大好きでーす（笑）。

趣味費　芝居、映画、音楽……劇場通いやダウンロード、あるいはフェチなモノ集めにけっこう使ってる？

ジム費　月々のジム会費にプロテインやサプリメント、ウェア新調に、パーソナルもつけて、身体に投資！

美容・健康費　アンチエイジングのコスメやサプリメント。整体やマッサージ。

学習費　キャリアアップやトラバーユのため、資格取得目指してスクール通い。

教養費　お茶、ダンス、和太鼓……大人な習い事に励むゲイも。最近はスポーツや音楽のゲイサークルも多いですね。

発散費　１回１５００円の某所入場料や、２時間１万８０００円のお遊びなど。

ペット費　私を癒してくれるのはこの仔《こ》だけ！

医療費　ＨＩＶやメンタル疾患、その他さまざまなご病気で、定期的に通院されるかたもいるでしょう。トランスのかたにはホルモン治療や手術ということもあるでしょう。

慶弔交際費、予備費　祝儀・不祝儀のお金から甥姪へのお年玉、そして思わぬ支出（病気や事故含む）まで。

けっこうゲイっぽい支出が並びました（笑）。そのほかでは、老いた親御さんに仕送りしたり、介護のため定期的な負担をしている、などのかたがいるかもしれません。場合によって

は慰謝料とか養育費という項目があるかたもいるかもしれません。

こうして収入と支出をあらためて把握し、毎月あるいは毎年の支出が収入の範囲内で収まり、その残りを貯蓄として積み立てられれば、家計的にはOKといえます。家計プランとしては、収入（手取り）からまず基本生活費や住居費、医療費などどうしても必要な固定経費と、これだけは貯めると決めた貯蓄費、一定額の予備費を取りのけたあと、その残額の範囲で旅行や趣味の費用をやりくりするのが定石です。

まずは自分の収入と支出を書き出して、分析してみることが大切ですね。そして、なにが自分にとって大切な支出なのかを見定めたり、不要な支出を見直したり、足りないなら収入を増やすために（時間や体力など条件が揃うなら）副業を探すとか、いろいろ考えてみます。支出の見直し項目のなかでも、とくに保険は若いころに入ったままにして自分のニーズと合わなくなっている場合もあり、見直しやすい項目です。

同性愛者のライフイベントとは？

現在の収支を把握したら、つぎは将来の収支について考えてみます。

収入については、このまま現在の水準が維持できそうですか？　給与のかたは、昇給などについてはどのような見通しがあるでしょう。退職金の見通しは？　事業収入のかたは、今後の事業の継続についていかがでしょう。

老後は会社や事業からリタイアして収入が途絶えたり減ったりするわけですが、そのかわりの重要な収入に公的年金（国民年金や厚生年金、共済年金）があります。現行制度では、60歳ま

なお、税金（所得税）や社会保険料（年金や健康保険料など）は、収入で手取額を把握するさいに、すでに差し引かれているものとします。

で保険料を払い65歳から年金を受給することになっています。現在の納付を続けていった場合、65歳から自分はいくらもらえるのか。毎年、自分の誕生月に「ねんきん定期便」で知らせてくれますし、日本年金機構のウェブサイトなどでも試算することができます。そのまえに、自分がそもそもどんな年金に加入しているのか、把握してらっしゃいますか？（年金については3章でご紹介します。）

公的年金とはべつに、民間の保険会社の保険をかけているかたは、満期保険金の受け取りがある場合もあります。それはいつで、いくらなのか？　あるいは債券（国債や社債など）をもっているかたは、償還がいつでしょうか？　証書などを見返してみましょう。

これに加えて親の遺産相続（あるいは生前贈与）ということもあります。あまりアテにするものではないかもしれませんが、突然、まとまった額を受け取ることもないではありません。

将来の支出はどうでしょうか。お金を使うという側面から、自分はこれからどう生きたいのか、どういう人生を送りたいのか、を考えることになります。いわゆる「ライフイベント」「ライフビジョン」が問われるわけです。

ノンケさんの場合、結婚をし、子どもが生まれ、そして子どもの成長とともにさまざまなライフイベントが発生します。子どもが入学・卒業を繰り返し、就職や結婚で巣立っていくまで、こうしたライフイベントごとに親としてはお金の用意に追われつづけます。家族を営むための家を買うというライフイベントも、起こるかもしれません。しかし、苦労が多いとはいえライフイベントのなかで、人は「人生の春夏秋冬」を刻んでゆきます。そこに人間としての成長もあるのかもしれません。

では、子育てのない、あるいは家族をつくらない同性愛者の場合、「人生の春夏秋冬」とは

ねんきん定期便
→56ページ

遺産相続
→146ページ

何なのか？　もちろん子どもをもたない人、シングルで生きる人はセクシュアリティにかかわりなく多いし、同性パートナーとの暮らしは「家族」に違いないわけですが、ゲイやレズビアンの場合、ノンケ家族もちさんに比べて生活上の労苦は少ないのかもしれません。ゲイの人に実年齢より若く見える人が多いのは、もしかしてそのせいでしょうか??

それだけにいっそう、「自分はいつ、なにをしたいのか」「自分はどうなりたいのか」というライフイベントやライフビジョンを立案し、それに合わせて資金計画を立てないといけないのかもしれません。もちろん、そんな高邁なことでなくてもけっこうです。車の買換え計画でも、パートナーとの○周年記念の大きな旅行でも、この年に脱サラしてお店をもつでも、退職したらあらためて大学に入学して勉強してみたいでも、いまからパーソナルつけまくって50歳だけどボディビル大会に出るでも、なんでもいいんです。ただ、それにいくらかかって、そのお金の工面をどうするかを考えられればいいのです。

なお、子育てや家族のない同性愛者ですが、甥姪がいるかたはそれぞれへの入学祝い・就職祝い・結婚祝いといった出費がありそうですね。老親の金婚式とか古希など長寿の祝いも、ある程度の出費があるイベントです。甥姪の進学時期や老親の長寿祝いは、あらかじめ時期がわかっているので資金計画が立てやすいでしょう。

人生の資金繰り表を作ってみる

現在および将来の収入・支出が把握できたら、それをキャッシュフロー表（資金繰り表）にまとめてみましょう。

長寿の祝い
還暦（60歳）干支が生まれた年に戻ることから
古希（70歳）杜甫の詩「人生七十古来稀なり」より
喜寿（77歳）喜の字の草書は七十七と書くので
傘寿（80歳）傘の略字は八十
米寿（88歳）米を分解すると八十八
卒寿（90歳）略字「卆」から
白寿（99歳）百から一を引いた

30―31ページの表をご覧ください。基準年から右へ横軸に西暦、年齢をとります。年齢はその年の12月31日時点での満年齢を入れます。表では男性の平均寿命の80歳までとってみました。

縦軸には、その年に予想されるライフイベントの段につづき、上段に収入、下段に支出の欄を作ります。項目は表を参考に、ご自分の状況に合わせてアレンジしてください。

この表の出発となる基準年に、まず前節までで把握した金額を万円単位で入れていきます（ですので収入はあくまで手取額＝可処分所得を記入します）。

収入小計と支出小計を出し、収支差し引きを算出し、それまでの貯金と合わせて基準年の貯蓄残高を記入します。

基準年の記入ができたら、それぞれの項目について今後の金額を右へ、右へ、と記入してゆきましょう。そして、各年について収入小計、支出小計、収支差し引きを算出し、その額を前年の貯蓄残高に加え（あるいは引き）今年の貯蓄残高を出します。

そうやって最終年齢まで表を作ってみます。

また、収入であれ支出であれ、あらかじめ予想がつくものはなるたけ記入します。しかし、その有無や時期がわからないものはあえて記入しなくてもかまいません。支出には使途不明金がつきものですから、一定の額を「その他（不明）」としておくとよいでしょう。

キャッシュフロー表を分析する

こうしてできあがったキャッシュフロー表をながめてみて、いかがでしょうか？　10年後、

平均寿命

平成22年簡易生命表（厚生労働省、平成23年7月27日発表）によると、

男の平均寿命は79・64年

女の平均寿命は86・39年

変動率

キャッシュフロー表に金額を記入するとき、そのまま現在の金額を入れ続けていいものと、「変動率」を考慮する必要があるものとがあります。サンプル表では、収入や基本生活費、貯蓄残高に変動率を設定してみました。変動率1％の場合、基準年が100万円だとすると、翌年は101万円（100×1・01）、翌々年は102万円（101×1・01、万円未満は四捨五入）として記入します。貯蓄残高も、前年の貯蓄残高に変動率をかけたものに今年の収支差し引きを加えて今年の残高とします。

また、ウン年後の突発的な収

20年後の収支差し引きや貯蓄残高がプラス（黒字）であり、その後も極端な下降線を描いていないならば、いまのままの生活を続けていって大丈夫といえますが、なかなかそうはならないようです。継続的に赤字になっている場合や、一時的な資金不足を起こしている場合は、事前に改善策や対応策を考えてみる必要がありますね。

改善策への基本的な考え方としては、つぎのようなものがあります。

＊家計（支出）を見直して、不要な支出がないかを検討する。保険の見直し、ローンの借り換え等の検討など。

＊一時的な資金不足の原因が旅行など大型イベントによるものなら、その延期（時期ずらし）や取りやめの検討。

＊継続的にマイナスが続く時期がある場合は、あらかじめ対応を考えておく。

＊可能なら、収入アップの方策を考えてみる。副業の模索や定年後の再就職など。

＊お金の使い方から見て、自分の本当に大事なものはなにか、自分のライフプランはこれでいいのか、自問してみる。

キャッシュフロー表を作ってみると、多くの人が赤字になり、ビックリされるようです。が、あまりそれらに一喜一憂せず、全体の傾向を把握し、とれる対応をとるための機会ととらえていただければと思います。

そして大事なことは、キャッシュフロー表作りを一度で終わらせず、毎年一度は自分の状況とかさね合わせて定期的に見直しをしていくことです。お正月に一年の目標を考えるときや、事業をされているかたは3月に確定申告をされるさいに、今後を考えるとともにお金についての見通し・見直しをしてみるのはいかがでしょうか。

入や支出を記入する場合も、現在○○万円と予想される収入（もしくは支出）だが、実際に入ってくる（出ていく）ときには変動率を何年分かかけた金額を記入をするのが原則です。

変動率をどのように設定するかは、それぞれの状況によります（たとえば昇給率や資産の運用率など）。しかし、収入においてはこれから**「増税の季節」**になること、支出では長期デフレ傾向からそれほどの物価上昇はなさそうなこと、資産の運用についても超低金利の状況などから、いずれも変動率を設定せず、このさい現在の金額のままで変化を見てみるのも一つの方法だと思います。あくまで全体の傾向をみるのがまず第一の目的ですから。

【コラム】

ゲイがキャッシュフロー表を作ったら……

キャッシュフロー表の作り方と分析のポイントをお話したところで、一つの事例を見てみましょう。

●45歳ゲイ・A氏の、あどけない話

A氏、45歳、東京に一人住まいのゲイです。

仕事は中堅編集プロダクション勤務のサラリーマン、基準年時の可処分所得［収入―（社会保険料＋税金）、いわゆる手取り額］は350万円（年収額面420万円ぐらい？）、

収入の変動率は1％で昇給し、55歳から固定。退職金は500万円（年収1・2年分）です。

基本生活費は住宅費を除いて月15万円（年180万円）、これには通常の衣服費や飲み代などの小遣いも込みです。1％の変動率を設定しました。

住宅は賃貸派で、郊外のアパートに住んでいます。2年ごとの更新料等こみで月平均10万円、年120万円としました。

保険には、40歳のときなんとなく養老保険に加入しました。はじめの10年は月額保険料2万円（年24万円）、つぎの10年は自動更新で3万円（36万円）に上がります。満期の60歳に500万円受け取れます。払い込んだ掛金総額は600

万円ですが、100万円分は掛捨ての生命保険や入院保障に充てられます。なお、その死亡保険金の受取人は弟さんにしてあります。保険が満期になったあとは、入院時の対策のために都民共済（月3000円の掛捨て）に入ろうと思っています。

一時的支出としては、毎年1度の海外旅行が楽しみで、年20万円の予算を見ています。車は持ちません。

自分の夢として、退職後、4年制大学に再入学して「若い子といっしょに」ゲイスタディーズ（社会学）を勉強したいそうです。もちろん学費はかかります（初年度200万円、毎年100万円）が、若い子のあいだに挟まれる魅力には抗《あらが》えません。あ、もちろん学問への知的好奇心もあります。

退職後は会社のつきあい等もなくなり、生活費はだいぶリストラされるでしょう（飲み代や衣服代など）。退職後は学生中は140万円、その後は130万円としてみました。学生中の支出には変動率1％をみましたが、その後は130万円固定としました。

老後の収入は、65歳から厚生年金で年150万円を受給としました。

貯蓄は基準年で200万円あります。わりと、あると使うほうです（旅行に行ってしまう）。退職の年にはちょっと大きめの旅行に行くつもりです。

親族は、田舎（岡山県）に老母、おなじく田舎に弟夫婦が暮らし、弟には子が2人（A氏の甥姪）います。

＊この事例の数字や保険商品は、すべてフィクションです。あくまでもキャッシュフロー表作りの例を示すために想定されたものです。
＊このキャッシュフロー表では、時期未定ながら、親の遠距離介護費用と翌年の遺産相続、甥姪の大学入学と結婚の祝い金を入れてあります（表参照）。

●A氏の人生、お金は続くのか？

キャッシュフロー表を見てみてください。基準年では収支とんとんの生活です。その後、在職中は年により赤字になるときもありますが、なんとかそれを維持できています。

貯蓄はできていませんが、保険料がその代わりのつもり。

途中、親の遺産や退職金があれば、念願だったリタイア学生になることもできるでしょう。

しかし！

差し引き収支はつねに低水準で推移し、退職後は一貫してマイナス、残高も70歳代にはマイナスに転じています。

年金開始までの60～65歳のあいだは、学生になるとはいえ、無収入は痛いものがあります。

その年金も、年額150万円で見積もってはいますが、今後、給付水準の切り下げや開始年齢の引き上げも予想されます。

なににせよ親の遺産や退職金があったからもったのであって、これが無いともっとひどいことになります。

満期保険金も500万円入りましたが、保険料払込総額（600万円）より少ないのは考えものです。疾病・災害や死亡がなかっただけよしとするべきかもしれませんが。

人生終盤期の医療費や自身の介護費用、さらに全体にわたる大病や不慮の事故については不明のままです。予備費（貯蓄）がないのは痛いでしょう。

賃貸派のため最後まで住居費負担は消えず、終盤期の負担となるかもしれません（とはいえ購入の場合は、中年期の返済負担になりますが）。

親の介護（遠距離介護）のための帰省交通費を見込んだが、長期化した場合はどうなるかわかりません。

ということで、こんなA氏は、どうすればいいでしょう?

●人生なかなか「ビター&スイート」

基本生活費の節約、保険の見直し（貯蓄への転換）はつねに心がけることです。

夢（リタイア学生）は大事にしたいですが、通信制や科目履修生、放送大学などへのダウンサイズも必要かもしれません。スクーリングのときには、若い子とも会えるでしょうから。

まずは会社を辞めないことが大事でしょう。

リスクマネージメント（病気、事故、失業）に気を留めるとともに、親の遺産分割があった場合には円満にできるよう、兄弟づきあいにも気を配ることも大事かもしれません。

50代からは、そろそろ自分の老後（60代、70代）のライフスタイルについてもイメージをもち始めましょう。

28	29	30	31	32	33	34	35	36	37	38	39	40	41	42	43	44	45	46	47
61	62	63	64	65	66	67	68	69	70	71	72	73	74	75	76	77	78	79	80
大学再入学		おい結婚		年金開始			めい結婚												
				150	150	150	150	150	150	150	150	150	150	150	150	150	150	150	150
0	0	0	0	150	150	150	150	150	150	150	150	150	150	150	150	150	150	150	150
140	141	143	144	130	130	130	130	130	130	130	130	130	130	130	130	130	130	130	130
120	120	120	120	120	120	120	120	120	120	120	120	120	120	120	120	120	120	120	120
4	4	4	4	4	4	4	4	4	4	4	4	4	4	4	4	4	4	4	4
10	10	10	10	10	10	10	10	10	10	10	10	10	10	10	10	10	10	10	10
7	7	7	7	7	7	7	8	8	8	8	8	8	8	8	8	8	8	8	9
200	100	120	100				20												
481	382	404	385	271	271	271	292	272	272	272	272	272	272	272	272	272	272	272	273
−481	−382	−404	−385	−121	−121	−121	−142	−122	−122	−122	−122	−122	−122	−122	−122	−122	−122	−122	−123
1741	1377	987	612	497	381	264	124	2	−120	−243	−367	−493	−620	−748	−877	−1008	−1140	−1273	−1409

	西暦	2012	13	14	15	16	17	18	19	20	21	22	23	24	25	26	27
	年齢	45	46	47	48	49	50	51	52	53	54	55	56	57	58	59	60
イベント		基準年							めい大学入学		おい大学入学	遠距離介護	親相続				退職金、保険満期、記念旅行
	変動率																
収入（可処分所得）	1%	350	354	357	361	364	368	372	375	379	383	387	387	387	387	387	387
一時収入													1000				1000
収入計		350	354	357	361	364	368	372	375	379	383	387	1387	387	387	387	1387
基本生活費	1%	180	182	184	186	187	189	191	193	195	197	199	201	203	205	207	209
住居費（賃貸）		120	120	120	120	120	120	120	120	120	120	120	120	120	120	120	120
保険料		24	24	24	24	24	24	36	36	36	36	36	36	36	36	36	36
一時的支出		20	20	20	20	20	20	20	20	20	20	20	20	20	20	20	50
その他（不明）	1%	6	6	6	6	6	6	6	6	7	7	7	7	7	7	7	7
その他									10		10	50					
支出計		350	352	354	356	357	359	373	385	378	390	432	384	386	388	390	422
収支差し引き		0	2	3	5	7	9	−2	−10	1	−7	−45	1003	1	−1	−3	965
貯蓄残高	1%	200	204	209	216	225	237	237	229	233	228	185	1190	1203	1214	1223	2200

2章 身の丈にあったお金プランニング

普通の人が普通にできる貯蓄法

何歳で、いくらの貯金を持つべき、など各種の本に書いてあったり、誰かの貯金額をたまたま耳にして自分がそれに及ばないとき、つい落ち込んだり不安になったりすることはあるものです。お金はあるに越したことはない、あって困るものではないでしょうが、なんのためにお金を貯めるのか。まずは自分とお金の関係について、見直しましょう。

俗に「人生の三大資金」として、住宅資金、教育（子育て）資金、老後資金があげられます。一般的に子どものいない同性愛者に教育資金への準備は不要ですから、住宅や老後の資金についてどうするのか、まず考えてみるといいですね。それ以外に、自分のライフプランニングやライフイベント、そしてライフビジョンによって、自分はいつ、どうしたいので、そのためにはいくら必要だ、という目標を定めて貯蓄を行なうことも大事です。これという目標もないのにただ貯金があると安心だからといって、自分の楽しみをガマンして貯金に励んでも、そんな守銭奴のような人生（笑）、あまり楽しくないかもしれません。
貯金を持つために、あるいは貯金について、私がよくお話することをつぎにあげてみます。

◎貯金は積み立てが第一

貯金を持つといっても、貯金はいっぺんには貯まりません。毎月少しずつ、確実に積み立てることが基本です。株だ債券だ、ＦＸだ先物だ……世の中にはいろいろな話がありますが、はじめからそんな飛び道具に手を出すのは禁忌です。素人がわずかの元手でやるべきことではありません。毎月の給料から自動振替で定期預金をするとか、会社に財形貯蓄の制度があるなら給料天引きで貯めていくとか、そのように強制的に、ただし無理のない金額で、コツコツと貯めていくのが結局、一番の近道です。そして、積み立てたお金には手をつけず、はじめから無かったものと思い、残りの金額で自分の生活をやり繰りできるよう、日常の支出を見直してみます。

◎もう一つの財布を持つ

手をつけない貯金通帳を一つ作っておく、という話です。最初に話した自動振替で貯めた定期貯金なども、よほどのことがないかぎり手をつけません。趣味と実益を兼ねてなにかサイドビジネスをしているかた――ネットオークションのせどり（転売）、なじみのゲイバーでの週末店子バイト、身体にモノをいわせてクラブのゴーゴー、妄想趣味が高じてゲイ雑誌の投稿エロ小説の原稿料……まあ、なんでもいいんですが、そんなことをやっているかたは、本業の給料が振り込まれる通帳とはべつの通帳を作って、そこへ貯めて、手をつけないでおきます。楽しんで、気づいたときにはそこそこ貯まっていて、嬉しいものです。

定期預金
→36ページ
財形貯蓄
→39ページ

◎自分の家計分析をする

キャッシュフロー表作りでもお話しましたが、現在の家計を分析し、中長期的な収支の動向や自分の夢と見合わせながら貯蓄計画を立てることが大事です。見直しのポイントとしてよく上げられる保険をはじめ、車や不動産（持ち家）についても、自分なりの見識を固めることが必要。そのさい、公的な社会保険や各種の運用についての知識があると、見直しがより充実するでしょう。FP（ファイナンシャルプランナー。いわばお金のカウンセラー）などの専門家とともに分析をすることも、よい方法です。

◎タバコを止める

突然、なんの話？ですが、いまや一箱400円（以上）の時代です。毎日一箱吸って、ひと月1万2000円。一年で14万4000円。10年で144万円（実際は今後の値上げでもっと増える）。驚きの金額を煙にして自身の健康を損ない、場合によっては医療費の支出を余儀なくされます。タバコを止めることは、意外に支出抑制効果がありますよ。

◎主婦雑誌などを参考に、ゲーム感覚で楽しく貯金

私個人は、日に一、二度、財布の中身をあけて小銭を整理するのですが、そのさい1円玉、5円玉と、最近は500円玉を取り除いて貯金箱に入れ、ある程度たまると「もう一つの財布」である貯金通帳に預け入れます。チリも積もれば、です。あと、私は家庭用バリカンで自分で坊主頭に刈っていますが、刈るたびに1000円カットに行ったつもりで1000円貯金します。そんな「つもり貯金」もオモシロいかも。

そのほか毎月の生活費を給料日に現金で下ろしてしまい費目別に封筒に仕分け、その範囲でひと月やり繰りする「封筒管理法」などいろいろありますね。

貯蓄は「収入増加、支出抑制」が、大は国家財政から小はシングルの人の家計まで原理は同じ。そのためのアイデアが主婦雑誌などにはけっこう詰まっていますわよ、奥さん！

◎入院時の100万円、60歳定年時の1000万円

本書では、同性愛者は生命保険や医療保険に入ることをおすすめしていません（くわしくは6章）。とはいえ、いざ入院、休職（収入カット）となったときの医療費や生活費は心配です。そのため100万円の貯金だけは、予備費としてつねに持っておくことをおすすめします。100万円あれば、健康保険の高額療養費制度を使って入院や手術をし、収入が途絶えていても3か月分の家賃は払えるのではないでしょうか。現金で持っているわけですから、いざというときはほかの重要事態にも使うことができます。もちろん使ったときは、なるはやで貯金し直します。

また、60歳で定年を迎えたときに、老後資金のベースとして1000万円あると、なにかと心強いでしょう。そのため40歳からの貯金プランを考えてみましょう。毎月の給料から3万円、2回の賞与時に7万円ずつ、これで年50万円の貯金ができます。それを20年つづければ、60歳時に1000万円となります。途中、一定の額になるごとに、なにか有利な金融商品に預け替えすることもよいでしょう。60歳で退職し、65歳から年金が出るまでの「空白の5年間」のために、いまからできる老後対策です。

◎借金をしない、病気をしない

クレジットカードを持ち歩いて買物をしない、ということも大事です。クレジットカードは、言うまでもなく借金です。病気をしないよう健康に留意することも、意外に貯金（支出抑制）のためには大切なことかもしれません。入院等でまとまったお金が出ていくことや収入途

高額療養費
↓53ページ

絶は、避けられるなら避けたいことです。

いかがですか？　いずれも普通の人が普通にできることではないでしょうか？　投資とか運用については、ホント、1000万円以上のまとまった、遊んでいるお金があるとき、信託銀行や証券会社で相談してみるのがよいでしょう。

上手に選んで上手に貯金

貯金は「たんす貯金」や、某政治家みたいに金庫に現金で置いておくというのでなければ、銀行や郵便局（ゆうちょ銀行）などの金融機関で行なうのが普通でしょう。しかし、貯金（貯蓄型金融商品）も金融機関ごとに多種多様なものがあります。銀行および郵便局が提供しているもので、私たちが一般的によく利用しそうなものについて整理してみました。

普通預金（銀行）　銀行の口座でごく普通に作られるものです。窓口やATMで自由に預け入れや引き出しができ、給与の振込、各種の自動引き落とし等に使われています。日常生活のお財布代わりに使える口座ですが、現在、金利については非常に低いため、増やすための口座ではないので、必要以上の金額を置かないことがポイントです（でも、どこに預け替えたらええんじゃ、ですね。笑）。

定期預金（銀行）　一定期間払い戻しをしないことを条件に、普通預金などよりも高い金利となっている貯金です。ある程度、高い金利がつく代わりに満期日まで原則として引き出しができず、途中解約するときは中途解約金利（低い）が適用されます。スーパー定期とかスーパー定期300（預入額が300万円以上）、1000万円以上の大口定期、毎月積み立てる積立定期などの種類があり、期間も1か月から最長10年までさまざまです。満期になると解約されて普通預金に自動的に移し替えされますが、自動継続扱いもできます。

金利は、預け入れ日の金利が最後まで適用される固定金利と、一定期間ごと（6か月が多い）に変更される変動金利とがあります。金利が下降傾向にあるなら固定金利、上昇傾向にあるなら変動金利が有利ということになりますが、さて、なににしてもこの低金利状態では、ねえ……笑。

ともかく、まとまった金額で当面使う予定のないお金を放り込んでおく、というのに便利で有利な貯金です。

積立定期預金（銀行）　定期預金は、預入時に元金を一括して払い込むものですが、積立定期は、毎月一定額の元金を自動的に積み立てることができます。そのため、住宅資金や老後資金、旅行資金などの目標額を設定した貯蓄をするのにとても便利です。給料からの振替貯金には、これを使うのが便利でしょう。

各金融機関からさまざまなタイプの商品が出ており、微細に比べれば有利不利があるかもしれませんが、原資となる給与振込を受けている銀行以外の銀行で積み立てをすると、送金の手数料もかかるわけですから、おなじ銀行の積立定期を利用するのが一般的でしょう。毎月定額の振替、ボーナス月の増額、手元に余裕があるときはＡＴＭから随時入金可、指定日に指定残高以上の余剰資金が自動積立されるなど、さまざまな積み立て方法があります。銀行窓口で相談してください。

通常貯金（郵便局）　銀行の普通預金同様の機能をもつ、ゆうちょ銀行（郵便局）の口座です。当然、金利は非常に低く、増やすための貯金ではありませんが、ゆうちょ銀行のＡＴＭは時間帯・曜日にかかわらず手数料が無料のほか、ゆうちょ銀行間の送金手数料が無料で便利です。

定額貯金（郵便局）　預入日から6か月後から払い戻し自由で、最長、10年間預け入れできます。金利は3年までは半年ごとに段階的に変わり（3年以後は一定）、半年複利で運用。また1口の預入金額は１０００円、５０００円、1万円、5万円、10万円、50万円、１００万円、３００万円の8種類となっています。解約は口単位で行ない、預入期間に応じて預入時の金利表が適用されます。使う可能性にそなえながら、でも使わないお金を寝かせておくには、長期間、半年複利が適用され続けるのでいいかもしれません。

定期貯金（郵便局）　あらかじめ預入期間を指定して預け入れる固定金利商品で、預け入れ期間は最長5年です。利子は預け入れ期間ごとに上がり、3年以上は半年複利で運用（ただし5年まで）。期間内は原則、解約できませんが、あらかじめ使う予定を決めてあり、その時期まで寝かせておくにはいい貯金といえます。定額貯金と比べて5年までで見た場合には、途中で引き出さないかぎり定期貯金のほうがお得のようです。

自分の現在もっている通帳や便利な金融機関を考えながら、ふだん使う通帳と貯める通帳とを使い分けるとよいでしょう。

貯金で知っておきたいこと

貯金は利子がつくことで増えるわけですが、利子に税金がかかることはご存知ですね？２割課税され（源泉徴収）、税引き後の金額が利子として支払われます。もし１％の利率でも、実際に手にできるときには０・８％だったというわけです。

しかし、利子課税が免除される制度がいくつかあるので、ご紹介しておきます。

財形貯蓄制度

会社にお勤めのかたで、会社に財形貯蓄の制度がある場合、利用することができます。給料から天引きされて積み立てるもので、会社のほうで積み立てておいてくれるので便利です。「一般財形」「財形住宅」「財形年金」の3種類があり、住宅購入の頭金の貯金だとか老後資金だとかの貯蓄目的がある場合、利子が非課税になり有利です。財形住宅では元利合計５５０万まで、財形年金では、預貯金で積み立てる場合は元利合計５５０万まで、生命保険や損害保険等で積み立てる場合は元本３８５万円まで、利子が非課税となります。ただし住宅購入や老後資金などの本来目的以外に使用するために解約するときは、非課税措置は取り消されます。

また、財形を行なっていると、財形持家融資として残高の10倍以内で最高４０００万円までお金を借りることもできます。

違う金融機関への預け替えの可否や転職時の措置などがありますので、くわしくは会社の担当部門にお問い合わせください。

このほか、子どもの進学資金などを借りる財形教育融資もあります。たぶん関係ないでしょうけど。

マル優制度

身体障害者手帳を持っている人に、一定額以下の貯蓄の利息を非課税扱いにする制度です。ＨＩＶ陽性などで手帳を交付されている場合、使える制度ですね。

マル優……貯蓄商品の３５０万までの元本に対する利息が非課税

特別マル優……利付き国債や公募地方債の額面３５０万までが、利子が非課税

いずれも金融機関の窓口でご相談ください。

運用の知識と個人保護のルール

本書は、「こつこつ貯金をしましょう」をベースにし、庶民感覚から離れた投機的な金融商品には手を出さないことを基本スタンスにしています。ですので、ここでは一般的な貯金以外にどのようなものがあるか、用語辞典程度にご紹介しておくことにとどめます。

外貨預金　日本にない高利率を期待して外貨建てで預け入れるものです。しかし、円と外貨の両替に手数料が必要なほか、為替相場の変動によって日本円に両替するときに為替差損が生じるリスクもあります。

債券　国債、地方債、社債、外国債などのこと。預貯金よりよい利回りが期待でき、満期まで持つなら元本が償還されます。個人国債だと3年、5年、10年ものがあります。しかし、途中で換金（売却）する場合には、値下がりでリスク（元本割れなど）がある場合も。最近は個人で少額でも買える「復興個人国債」が、東北支援もかねて話題に。

利付き国債
国債はいわば国にお金を貸すもので、国から定期的に利子が支払われ、また満期時に元金が償還されます。マル優ではその利子が非課税になります。

株式　収益は、配当所得や値上がりしたときに売る譲渡所得など。しかし、市況によって左右され、含み損が出たり、会社の破綻などで紙くずになることもあります。その会社を応援するぐらいの気持ちで、長い目で見ることが大切かも。

投資信託　みんなでお金を出しあって運用専門家へ信託し、運用してもらい、出資額に応じてその利益の分配を受けるというもの。どういうものを中心に運用するか（債券中心、株式中心、不動産対象など）で種類があります。プロに運用を任せるとはいえ、この世界、絶対ということはありません（元本保証はない）。

貴金属投資　金が代表。収益は値上がり益のみ。換金するほか、メダルやアクセサリーに加工して受け取ることもできます。

派生商品（デリバティブ）　先物取引、オプション取引、スワップ取引、外国為替証拠金取引など。いずれも素人が手を出すものではない（笑）。

投資用マンション　マンションを買って、それを賃貸に出します。自分が払うローンや経費（所有にかかわる税金や仲介者への手数料）と家賃収入の差額が収益となります。

これらは一定のまとまった額をもとに運用するものですが（少額でも買える個人国債や投資信託もありますが）、毎月少額ずつできるものでは、**ミリオン**（一定額引き落としで株式で運用する投資信託を購入）、**るいとう**（株式累積投資。少額積立で株式を購入）、**純金積立**（毎日1000円分ずつ買うなど）もあります。あと、いろいろ電話がかかって来ては、和牛とか、原野とか、水源地の購入を勧誘されることもあるでしょう（笑）。

投資をするときは、分散投資が基本とされます。なにか特定のものにつぎ込むのではなく、いろいろな金融商品をバランスよく保持し、万一のときに大きなダメージをこうむらないようにすることが大事です（分散投資）。また、価格が変動するものを買い付けるときは、安いからといってまとめて買いに走るのではなく、小分けにして長期で継続的に買い付けるようにすると、結果的に単価を低くする効果があると言われます。これをドルコスト平均法といいます。

ところで、さまざまな金融商品が売り出され、個人も積極的な資産運用が奨励されている一方、リスク商品であるからには、購入や運用には個人責任が求められます。その前提として、国としても預金者や投資家の保護のために、つぎのような法律の規制や制度を作っています。さあ、ルールは整えましたから、あとは個人責任ですよ、というわけですね。

預金保険制度　銀行が破綻したとき、預金者1人あたり（複数口座でも名寄せして一本にまとめる）1000万円までとその利息が保護されますが、それを超える分は保護されません（ペイオフ）。超多額の預金を一行に預けているかたはご留意ください。また、銀行の海外支店や外国銀行の在日支店は保護外です。海外駐在時の貯金や外貨預金にも注意が必要です。

投資者保護基金　証券会社は顧客から預かった株式の代金や証券は、会社本来の財産とは分けて管理するべきです。しかし、証券会社が破綻するときには、そんなものはぐちゃぐちゃになっているのが常でしょう。この制度は、証券会社が破綻したときは、顧客1人あたり1000万円までを補償するものです。

金融商品販売法　リスクなど重要事項の説明を業者に義務づけています（預貯金、信託、保険、有価証券が対象）。説明がなく、元本欠損が起こった場合は、その欠損額を損害賠償請求できます。もちろん説明を聞いた聞いてないでは、争いになるでしょうが（笑）。商品先物取引は対象外です。

消費者契約法　すべての個人契約が対象。契約にあたり誤認または困惑したうえで契約をした場合、その契約を取り消せるというものです（民法の意思表示の例外）。

預金者保護法　カードの不正使用などへの被害補償を、金融機関へ義務づけるもの。盗まれたカードで引き出されても、従来、銀行には補償責任はないとされていましたが（債権の準占有者への弁済は有効）、その修正です。ただし、被害者に重過失がある場合（暗証番号が電話番号の下4桁など、あまりにもわかりやすい、など）は除きます。

こうした法規制については、投資・運用を行なう場合、頭のすみにとどめておく必要がありますね。

なお、お金や契約のことで困った場合の相談先としては、**国民生活センター**やお住まいの地域の**消費生活センター**、また市区役所の**市民相談窓口**などがあります。

また、金融商品取引のことで業者とトラブルを生じた場合には、特定非営利活動法人**証券・金融商品あっせん相談センター**（ウェブあり）が相談を受け付けています。

【コラム】

ゲイが540万円の借金を作って、返すまで

お金を貯める・増やすことについて考えてきました。その一方で、堅実なマネープランの第一歩は、借金をしない、ということです。

このコラムでは、借金と債務整理について、ある実例にもとづいてご紹介します。

●買い物が止まらない……

「自分、仕事辞められないんだよね。借金があって、それ返さなきゃいけないんで……」

若いゲイと話していて、はずみからそんな言葉が飛び出しました。「え、いくら?」と聞くと、「だいぶ返してきたから、あと100万ぐらいかな」と。

このカード社会、そんな話が珍しくなくなりました。自己破産を経験したことのある、若いゲイの話も何人か聞いたことがあります。

Mさん（取材時、30歳）も、クレジットカードとキャッシングの負債総額が540万円に達した経験の持ち主です。

「21歳で就職してカードを作れるようになって、セゾンカードやビザカードを作ったら、買い物が止まらなくなった。カードは最終的に8枚持ってた」

Mさんの借金のほとんどは、洋服で作ったものでした。毎週かならず東京に出ては、行きつけの南青山のブティック

へ。

「そこで1着2万か3万円ぐらいの服を毎週買ってましたね。がまんしたことなかったんですよ。見て、いいなと思う服は買ってあたりまえ。この服は俺が買うに決まっている、と。あと、青山あたりのシャレた本屋やCD屋で、月に一度ぐらい手当たりしだいに大人買いしちゃう。本も2万円ぶんぐらい、CDも5、6枚だから2万円ぐらい。だから服とあわせたら、月に20万近く買い物してた」

私がMさんと知りあったとき、買い物に目が利《き》くMさんにつれられて伊勢丹のメンズ館を見てまわったことがあります。とあるブティックの店員がMさんを見つけて会釈。「あの人、俺がいつも買ってた店にいた人」。Mさん、そうとうの上得意だったようです。

「その青山のブティックの服が俺は好きで、でもビトンのバックみたいに一目でわかるんじゃない、知っている人が見ればわかるみたいな感じで、そのブランド専門だった。最後のころにはシーズンはじめに店で今度こういうデザインの服を作るという絵型を見せてもらって、価格と色と仕上がり時期を聞いて、これが入荷したら電話ください、これのSサイズのこの色をとっておいてください、と。電話がきたら試着にいって、ハイ、お買い上げ、って感じで」

●返済完了が20年後?!

Mさんの仕事は普通に会社員。月の手取り額は20万円ぐらいでしたが、親元住まいのため家賃や生活費はかからず、みんな自分で使えたと言います。「カードで買うわけで、お金がないという状況がわからない、がまんをしたことがなかった」。Mさんはそう言います。

「現金で買うわけじゃないし、2万でも3万でも、自分はクレジットのレシートに名前書くだけ。返済もリボ払いにしてたんで、残額を超えて引き落としができないということもなく、とりあえず来月の引き落とし分だけ通帳にあればいいわけで。そうやって借金がどんどん溜まっていったけど、でも、いつか返せる気はしていた」

リボ払い（リボルビング払い）は、毎月の支払額を1万ずつとか2万ずつというように一定の額に設定しておく支払い方法で、「ご利用金額やご利用件数にかかわらず、無理なく計画的なショッピングをお楽しみいただけます」（クレジット会社のホームページより）といいますが……。

そうやって月の利用額が月収を超えるようになって、いよいよおかしいなと気づいたけれど、それでもまだ買い物は止まらない。

「自分自身、いつも現金は持っていないのだけど、支払い日を越してしまえばまた枠が空くから、その枠で買い物して、最後のほうは全部カードの生活。そういう状態が1年ぐらい続いたかな」

そしてついに、その日は来ます。

「ある日、8社くる請求書のうちの一つを開けてみたら、この先、いっさい買い物をしないで返済だけを続けて、いつ返済が終わるか書いてあるのを見たら、20年後だったので、これはダメだと衝撃を受けた」

クレジットの金利は約13パーセント、当座の現金のためにキャッシングも利用していて、その金利は27パーセント程度（取材時）。そしてそのとき借金の総額が540万円。Mさんの頭のなかを、「自己破産」という言葉がかすめていきました。

●市役所の市民相談に行きました

さて、540万円の借金をかかえたMさんはそれからどうなったでしょうか。

「とりあえず市役所の市民相談窓口にお金の相談があると友だちに聞いたので、そこへ行って相談してみました」

Mさんのよかった点は、自分一人で抱えこまず、相談できる専門家を探したこと。といっても、はじめから弁護士などへ飛び込むのではなく、無料の市民相談を利用したことです。あなたのお住まいの地域の役場でも、きっとさまざまな相談窓口を用意しているはず。お金のことにかぎらずどんな問題にも、解決の糸口を見つけるためにはよい入り口となるでしょう。それにしても友だちは、その金額の借金を聞いて、どう思ったでしょうね？

「友だちは、よくそんなに貸してくれたね、とびっくりしてた。親にも話したけど、親は、「そんなに買えばそれぐらいの額になるでしょうよ。あんたの借金だから自分でどうにかしなさい」って。べつに親は連帯保証人（後述）になっていたわけじゃないんで、関係ないという顔された（笑）」

さて、相談に行ったMさんは、どういうアドバイスをもらったでしょう。

「いまの借金の総額と自分の月収の情況などを話して、これだと生活ができないのでどうしたらいいですか、やはり自己破産でしょうか、と相談したら、特定調停という方法があると教えられました。自己破産はしたくなかったんです。破産者になると、なれない仕事・資格があったり、自分で会社を設立するとかができなくなるので……」

特定調停？　では、それについてご説明しましょう。

●自分で裁判所に申し立てる

借金の整理をするのには、どうにもこうにも首が回らないのだから、借金をぜんぶチャラにして出直させる、という破産の方法と、返せるんだったらちゃんと返しましょうよ、という債務整理と、大きく言って二つの道があります。人間、返せるなら返したほうがいい。でも、なにも手段を講じなければ借金にはどんどん利子がついて増えていくばかりです。それで、時計の針を止めて借金をそこでフリーズさせ、確定した金額をこれから返していきましょう、という方法がとられます。これには裁判所の決定を経る必要があります。そして、この手続きを特定調停といいます。

Mさんの言葉を聞いてみましょう。

「借金の総額とその人の月収とのバランスを見て、債務整理でいくか自己破産でいくか決めるんだけど、債務整理はだれでもができるわけじゃなくて、ちゃんと仕事をしてて、定収入があって、このなかからいくら払えますというのを算出して、見通しの立つ人だけがやれるんです。僕は540万の借金に対して、定職があって親元に住んでいたこともあり、月に15万払えるなら債務整理が認められるから申請してみようと言われてそうしたんです。もっと借金があって、これは返し切れないだろうということなら破産になっていたかもしれません」

さて、特定調停はどのようにやるのでしょう。弁護士さんとか頼まないとやれない？　いえ、けっしてむずかしいことではありません。

「まず簡易裁判所へ行って、債務整理の手続きを進めていきたいと申し込むと、必要な書類をくれます。本人の身上調査書、カード会社別の負債額、本人の月収と家計調査票――健康保険や税金などを差し引いて手取りがいくら、生活費がいくら、それで返済にどれぐらい回せるか、といったこと。あと資産目録。資産は僕名義の不動産はないし、車があったけれどポンコツだったので資産価値はなかった（笑）」

こうした書類をもとに、裁判所で民事調停委員という人と話をして、情況や返済計画に無理がないとなれば、裁判官の名前で債務整理の決定が出ます。調停委員を通じて行なうので特定調停というしだい。

「決定が出れば、裁判所からそれぞれのカード会社へ通知が行き、利息の計算が止まるわけです。そして返済が始まるわけ」

カード会社ごとに毎月いくらずつ返済するかの計画を作ります。その合計が8社ぶんでひと月に15万5000円。決定が出て完済するのにマル3年かかりました。だいたい3年以内に返せるメドがなければ決定は出ないそうです。この手続きに、お金はいくらかかるでしょうか。

「カード会社ごとに調停を申し立てる書類を書くのだけど、そこへ貼る印紙。それから決定が出たとき会社へ通知するための書留郵便料。あわせて一社につき1000円ほど。これがぼくの場合は8社ぶん。これだけです。これを弁護士に頼んでやってもらうと20万ぐらいかかるって聞いた。でも、書類もみんな自分で書けるものばかりだから、裁判所で聞きながらでも自分でやったらいいと思う。裁判所へ通う回数は、書類を取りにいったときもふくめて3回くらいですから」

●特定調停のほかにもある整理法

タジュウサイム（多重債務）って、聞いたことありますか？

いま、クレジットや消費者金融（サラ金、町金）などを利用して、返済困難におちいっている人の数は、全国で150万人から200万人ともいわれます。借金を抱えた人の弱みにつけこむ紹介屋・買取屋などと呼ばれる悪徳金融業者もいます。こうやって何重にも借金を抱えてしまった多重債務者は、大きな社会問題になっています。

多重債務者は、利子や返済の催促に迫られて、つぎつぎと借金をしつづけることとなります。これを俗に「自転車操業」と言います。踏むのをやめると倒れる、という意味です。そして、ついには借金を返しきれなくなって自己破産したり、夜逃げをしたり、最悪の場合、自殺をする人もあとをたちません。若い人でも、こうした多重債務におちいった人が少なくないのです。

現在、法律が改正されて、キャッシングなどの貸し付けにはつぎのような規制が課せられることになりました。

上限金利の規制

これまで出資法と利息制限法の二つの法律で、それぞれ別の上限金利の規制を設けていたため、その中間がいわゆる「グレーゾーン」として、キャッシングに対して高利で貸し付けることを可能にし、多重債務に繋がっていました（M

さんの事例でもキャッシングの金利は27%でした）。現在、出資法の上限金利が利息制限法と同じく20%に引き下げられ、それを超える場合は違法（刑事罰の対象）、また、貸付額に応じて利息制限法の上限利息を超えた場合は、行政処分の対象となります。

利息制限法の上限利息
10万円まで……上限20%
10万～100万……上限18%
100万以上……15%

つまり、現在は貸付額に応じて15～20%を上限金利として貸し付けが行なわれています。

総量規制

個人の借入総額が、原則、年収等の3分の1までに制限されます。一定額以上の借り入れをする場合は収入証明の提示が求められたり、複数の金融機関から貸し付けを受けていないか調べることに同意を求められたりします（そうした債務者のデータベースがあります）。

また、いろいろな事情から多重債務に陥った場合、コラムで紹介した特定調停以外にも、いくつかの債務整理の方法があります。

任意整理……弁護士などに依頼し、債権者と和解し、利息引き直し計算などをしてもらう。

特定調停……簡易裁判所を介した整理（Mさんの事例で紹介）

個人再生手続き……残債務の一部を返済するなど再生計画を作り（裁判所で決定）、ある程度、返済ができた場合、残りを免除する。

自己破産……地方裁判所で破産宣告、免責決定を受けて借金を棒引きし、再出発へ。種々の制限が課せられる場合がある（士業や会社役員につけない、財産がある場合、その処分を受けるなど）。

コラム本文でも出てきた、**連帯保証人**についても注意が必要です。連帯保証人は、本人がお金を払えないとき、ただちに本人にかわって支払う義務を負います。貸す側からすれば、いわば「人間の担保」というわけです。本人が自己破産して免責された場合でも、貸す側は連帯保証人がいれば連帯保証人に請求することができます（Mさんのキャッシングには連帯保証人は不要だったので、だれかに取り立てが向かうことはなかったようです）。いろいろな契約書や借用書で、「名前だけだから、ちょっとなってよ」と言われ、断りきれずについなることがあるかもしれませんが、理解が必要です。

なお、借金の相談窓口としては、市区町村の市民相談、法テラス、消費者生活センター、弁護士会、司法書士連合会などがあります。金融庁のホームページでも「多重債務」について情報提供しています。

さて、特定調停をやってみたMさんのご感想はどうだったでしょうか。

「やってみて、よかったです（笑）。借金があったときは会社を辞めるわけにもいかなかったし。買い物癖も、返済中はまったくカードも使えなかったので買い物のしようもなかった。土日ごと上京して買いまくっていた気持ちは、読書と晩酌で埋めてました（笑）」

かつて部屋にあふれていた洋服やCDは、ほとんどフリーマーケットや中古屋で売って、部屋から消えていきました。返済が終わったとき、Mさんの手に残ったのは、数社から送ってきた完済証明書だけだったそうです。

3章 健保に年金、社会保険を使い倒す

社会保険――健康保険、年金、介護保険、労働保険（労災保険、雇用保険）をいいます。いずれも法律で決まっていて、該当する人には加入義務があるものです。

ライフプランを考えるうえで、社会保険の知識は大切です。自分の健康保険や年金についてきちんと把握することで、どういう給付が受けられるのか、このうえに民間の保険商品などに入る必要があるのかないのか、考えることができます。

この章では、健康保険、年金、労働保険について、そのあらましをご紹介します。

所得保障までついた最強の「健康保険」

医療機関にかかったとき、医療費の7割を負担してくれるもの（3割は自己負担）、それが健康保険です。日本は国民全員がなんらかの健康保険に加入する、国民皆保険制度をとっています。雇用形態や年齢などで、それぞれ入る健康保険が分かれています。

介護保険については、親の介護について考える8章であらためてご説明します。

種類と保険料

健康保険

会社員など雇われている人が加入します。企業単位・業種単位の健保組合や、中小企業などが入る協会けんぽ、公務員などの共済組合などがあります。

保険料は、標準報酬月額・標準賞与額（一種の給与表）に保険料率をかけて算出し、それを雇い主（会社など）と折半します。自己負担分は給料から天引きされます。

国民健康保険

自営業者やフリーランスの人が加入します。市町村ごとや一部職業によって国民健康保険組合を作って運営しています。

保険料は、市町村ごとの条例などで定め、世帯ごとに均等割と前年所得に応じた所得割を合わせて算出し、自分で納付します。

給付

では、健康保険（以下、国保も同様）でなにが利用できるのでしょう。

まず、70歳未満は3割の自己負担で医療を受けられます。診察と注射と薬で1万円かかっても3000円ですむわけです。また、健康保険は世帯単位です。生計同一で年収130万円未満の扶養家族にも世帯主の健康保険が適用されます。子どものころ親の保険証で医者に行ったり、学生のころ親元から被扶養者の保険証を送ってもらった、アレですね。専業主婦・主夫が配偶者の会社の健康保険で病院にかかることもあります。

健康保険では3割の自己負担で医療が受けられますが、そのひと月の自己負担額が一定額を超えた場合は、それ以上の分があとで返ってきます（高額療養費制度）。ひと月の自己負担額

保険料率
健保組合ごとに定められます。協会けんぽ（全国健康保険協会管掌健康保険のこと。昔の政府管掌健保）の場合、都道府県ごとに保険料率が定められ、平成24年度は9・39％から10・16％までのあいだとなり（全国平均10％）、これを労使で折半します。

高齢者の健康保険
70歳以上は2割（一定所得以上は3割）の自己負担。また、75歳以上は現在、後期高齢者医療制度へ移し替えられ、自己負担は1割（一定所得以上は3割）になります。後期高齢者医療制度は都道府県ごとの広域連合が運営し、保険料は年金から天引きされます。

健康保険の被扶養者
健康保険法の3条には、「配偶者（届出をしていないが、事実上婚姻関係と同様の事情

の上限が決まっているのです。通常の収入の人の場合、上限は約8万円強。そして、4か月目からはそれが約4万4000円に減額されます。入院や手術をした場合でも同様です。たとえ手術や入院で100万円かかり、自己負担額が3割で30万円だとしても、ひと月で退院してくるならそれが上限の約8万円強ですむというわけです（健康保険の対象外の食費や差額ベッド代などは別途かかります）。突然の発病だと無理ですが、あらかじめ入院時期が決められるなら、月初めに入って月末までに出てくるのが賢いやり方。

さらに、入院などで会社を休めば当然、給与はカットされるわけですが、4日以上の休業に4日目から、標準日額の3分の2を1年6か月以内、健康保険が支給してくれます（傷病手当金）。うつなどで休職の場合でも、これでなんとかなるわけです。健康保険はなんと所得保障つきだったわけです。

そのほか、亡くなったときには、埋葬料が支給されます。

このように、健康保険にはさまざまなサービスが用意されています。このうえにわざわざお金を払って民間の医療保険や入院保険に入っておくべきか？　ここは個人が考えるところですね。（医療保険については6章でもう少し考えてみます。）

会社を辞めたときの手続き

日本は国民皆保険ですから、なんらかの保険に入っていないといけません。会社を辞めたときは住所地の国民健康保険に入る必要がありますから、役場の国保窓口へ行って手続きしてください。前年度の所得にもとづいて保険料が計算されるので、辞めて無職になった身には「払えない！」という保険料になる場合がありますが、分納等については窓口で相談できます。会社に再就職して会社の保険に入るときは、役場で国保の脱退手続きもお忘れなく。

にある者を含む）」とあり、届出をしていない事実婚の場合でも、パートナーを被扶養者とすることができます。ところで、届出をしていない（できない）が、事実上婚姻関係と同様の事情にある同性のパートナーが、生計同一・年収130万円未満で扶養されている場合、相手の健康保険の適用があるのでしょうか？　だれも確かめた人はいません……。

傷病手当金
ただし、国保の場合、この制度は実施されていません。

高額療養費制度
ひと月の医療費の自己負担額の上限がつぎのように定められ、それを超える部分については還付されます。

国保の人が引っ越すときは、引っ越し前後の役場で国保の脱退・加入手続きを。
ともかく保険証のないときに病気をすると、全額、自己負担になってしまいます。

老後資金の基礎は、不安でもやはり「年金」

つぎは年金。なにかと不安のつきない年金制度ですが（私ももちろん心配です）、いちおうこちらも国民皆年金。なんらかの年金制度に加入するのが義務ではありますし、リタイア後の老後資金の第一であることは、間違いありません。年金とどうつきあうのか、まずはこれを読んでから考えても遅くない？

種類と保険料

年金は20歳から60歳までのあいだ、かならず入ることになっています（強制加入）。そのときそのときの働き方などで、入る年金が分かれています。

国民年金

自営業者やフリーランス、20歳以上の学生が加入します。
保険料は収入にかかわらず一定で、月額1万4980円（平成24年度）。

厚生年金

被用者年金ともいわれ、会社員など企業に雇われている人が加入します。
保険料は、健康保険と同様で、標準報酬月額・標準賞与額（一種の給与表）に保険料率をかけて算出し、それを雇い主（会社など）と折半します。自己負担分は給料から天引きされます。

上位所得者（標準報酬月額が53万円以上）
（医療費－500,000円）×1%+150,000円
一般（標準報酬月額が53万円未満）
（医療費－267,000円）×1%+80,100円
低所得者（住民税非課税者世帯等）
35,400円

また、直近1年以内で4回目（4か月目）以降は自己負担額がさらに減額されます。
上位所得者：83,400円
一般：44,400円
低所得者：24,600円

埋葬料
健保組合ごとに規定があり、協会けんぽの例では5万円が、中野区国民健康保険の例では7万円が支給されます。なお、これは家族がいない場合、実際に埋葬を行なった人に支給されることになってお

共済年金

国家公務員、地方公務員、私学教職員の3共済があり、国家・地方の公務員や私立学校の教職員が加入します。保険料は、厚生年金のシステムに同じです。

給付

なんといっても老後の年金がもらえるのが、この制度の眼目です。現在、20歳から60歳までの40年間（480か月）、保険料を払って満額の年金を受給できます。払った期間が少ないと減額されるわけですが、通算25年（300か月）以上払っていないとそもそも受給資格がありません。受給は原則65歳から始まり、亡くなるまで終身受給できます。

いくら受給できるのか？　中身は二つに分かれていて、全国民を対象とする定額の老齢基礎年金と、厚生年金に加入していた人には報酬（払込保険料）に応じた報酬比例部分とがあります。これまでの加入履歴に応じて、この二つを組み合わせて受給額が決まります。

まず基礎年金部分が、例年約70万円強ですから、払込実績に応じて480か月分の何か月で計算でき、国民年金しか加入してこなかった人は、この基礎年金がすべてです。一方、勤めるなどして厚生年金に加入していた人は、払込保険料に基礎年金分も含まれていますから、あと報酬に応じた報酬比例部分が加算されるというわけです。基礎年金部分を1階、報酬比例部分を2階と称し、国民年金の人は1階建て、厚生年金の人は2階建て、という言い方を聞いたことがあると思います。

自分はいくら受給できるのか。毎年ご自分の誕生月に「ねんきん定期便」というお知らせが届けられています。これは現在（お届けの2か月前）までの自分の加入履歴をチェックでき、現在のところでいくら年金が受給できるのかを示したものです。年齢が若い場合にはまだ金

り、同性パートナーや葬儀の委託を受けていた親友などでも請求ができます。

国民年金保険料
平成17年から毎年280円ずつ引き上げられ、平成29年に1万6900円になります。ただ、実際の保険料額はその年ごとの改定率で修正が加えられて決定されます。

厚生年金の保険料率
平成23年9月から24年8月までの料率は、坑内員や船員を除く一般の職種の場合、16.412%で、これを労使で折半します。国民年金と同様に平成16年から平成29年まで毎年0.354%ずつ引き上げられ、最終的に18.3%となります。

平成23年度の老齢基礎年金額
78万8900円（満額）

ねんきん定期便
見方がよくわからないとか、

額が少ないですが、満期の60歳が近い人の場合は、かなり実績に近い数字が示されます。現在までの実績に加えて残り60歳まで漏れなく払い続けた場合に、受給額がいくらになるのか予想を立てる資料にもなります。

年金を考えるポイント

さて、年金に対する信頼が揺らいでいます。毎年改訂される年金額が、ますます減額。受給開始が現行の65歳からさらに高齢へ引き上げか？　そもそも年金制度が破綻することはないのか……聞こえてくるのは厳しいニュースばかりです。お勤めのかたは給料から強制的に年金を天引きされているけれど、フリーや自営、そして学生など、自分で国民年金を納付するかたは、「辞めちゃおうか」という気持ちにもなるでしょう。事実、若いフリーター等を中心に国民年金を払わない・払えない人は多く、未納率が4割に達するといいます。

本書は、年金はかならず払おう、ということをベースにしています。それは義務だから、ということもありますが、それ以上に、やはり年金は現状ではトクだと考えるからです。

年金額が満額で年70万円としましょう。そして保険料が月1万5０００円としましょう。40年間払うということは、７２０万円払い込んだことになります。それを年70万円ずつ受け取れば、約10年で元は取れたということになります。そしてそのあとも死ぬまで受け取れるのです。現行制度は65歳開始。10年後は75歳。そのあとも生きつづける確率はかなり高い。そのかん死ぬまでずっと年金は受給できるのです。こんな有利な年金は、どんな保険会社にも作れません。当然です。国民年金には半分、税金が投入されているのですから。

内容に不審な点がある場合は、年金手帳をもって、自分の住所地の年金事務所に行ってください。日本年金機構のウェブでも調べられます。

もちろん年70万円（これは満額。実際は納付実績にあわせて減額）で暮らせるわけではありません。しかし、これを老後の収入のベースにしない手はない。勤めていた人は、これに厚生年金も乗るわけです。25年の納付年数に足らなければ、せっかく払った厚生年金も無駄になります。

免除と未納はチガウ

受給額を増やすためには、少しでも多く払い込みの条件を満たすことです。給料から天引きされる厚生年金はともかく、自分で払う国民年金の場合は、払えない状態のときにはきちんと免除申請をして、たんなる「未納」にしておかないこと。手続きをとれば、税金が投入されている分（つまり2分の1）は受給額になりますが、未納のままだとまったくのゼロ円です。免除期間は、あとでお金ができた場合、10年以内なら追納ができます。未納のままでは2年で時効になり追納ができませんし、2年以内に追納する場合でも、延滞料が加算されます。

また、現在、20歳以上は学生でも国民年金への加入と納付義務があるわけですが、保険料を払うほどの収入があるわけではない。それで毎年申請することで学生納付特例が受けられ、これは10年間、追納ができる制度です。20歳のときの年金を、30歳まで払うことができます。就職したら、最初のボーナスで両親にプレゼントはよくありますが、冬のボーナスで猶予してもらっていた学生時代中の年金を忘れないよう払ってしまいましょう。おなじく30歳未満のフリーター支援の趣旨で、若年者納付猶予制度があり、同様に10年間、追納ができます。

注意しないといけないのは、この2つの制度は、納付しなければただの未納で受給額に反映されない（2分の1保障もなし）。ただし、カラ期間といって、手続きをしておけば通算25年以上を満たす納付月数には数えられる、という特徴があります。

障害年金

年金は老後になってから受給する老齢年金以外に、さまざまな事情から障害者になった場合に生活保障のため受給する障害年金もあります。受給資格を得るためには、初診日のある月の前々月までの年金の加入期間の3分の2以上の期間について保険料が納付（免除も含む）されていること、または初診日のある月の前々月までの1年間に保険料の未納がないことが必要です。「どうせ老後は年金も破綻してる、だから俺は年金払わない」とウソブク人も、交通事故や、突然のＨＩＶ発症で後遺症が残るなどして、障害を負う可能性がないとはいえません。そのためにも年金の加入に注意が必要です。

なお、障害年金を受給するための等級と、（医療費助成や福祉サービスを受けるためのもの）障害者手帳の等級とは別のものですので、ご注意ください。

会社を退社したときの手続き

会社を辞めて厚生年金から脱退したときは、年金手帳をもって役場の国民年金窓口に行き、国民年金に加入の手続きをとってください。そして、払えないのなら免除の申請をするなり、海外に行くなら任意加入の手続きをするなり、窓口にご相談ください。ともかく、なにもしなければ未納が積み重なっていくばかりです。

ゲイの人生いろいろありまして、海外に渡ることもあります。そのとき国民年金はどうなる？　この場合、手続きをしておくと海外滞在中でも納めることもできますし、たとえ払わない場合でもカラ期間として納付月数には数えてもらえます。いずれ老後は国内に戻ってきて年金を受給するためにも（国外にいても受給はできます）、ご留意ください。なにも手続きをしなければ以後、未納状態になり、通算25年に足りなければそれまでかけた年金がすべて無駄になってしまいます。

海外へ出る
会社員が駐在で出るなら、会社の厚生年金に加入のままですが、ここでは退職して国民年金になったあと、海外へ出る場合を想定しています。

年金を少しでも増やすために

年金だけで暮らせないのは事実でしょう。しかし、年金が老後資金のベースであることは言うまでもありません。まずは「ねんきん定期便」などをもとに自分の老後の受給予想額を見通したうえで、足りるか足りないか、どのくらい足りないかを検討します。そのさい役に立つのが、1章で紹介したキャッシュフロー表でした。そのうえで不足分を補うために、あらためて貯蓄に励むとか民間の保険会社の保険商品を検討するとか、考えます。

現在の生活もありますから、どのくらい老後資金のための貯蓄に回せるのか、そのまえに老後はどのくらい必要になるのか？　前節でお話したのは、年金を少しでも減らさないために手続きをきちんとしましょう、ということでした。さらに、年金を少しでも増やすための方法はないのでしょうか。

国民年金のかたが年金の上乗せを検討する場合は、**国民年金基金**があります。国民年金の人には基礎年金の1階部分しかないわけですが、厚生年金の人とおなじく報酬比例の2階部分を上乗せできるもので、上限6万8000円／月までで掛金を自由に設定して加入し、それによって老後の受給額を増やすことができます。民間の保険商品と比べ、

＊掛金が全額、社会保険料控除の対象となり、所得税の計算上、かなり有利

＊受け取りは民間の個人年金と同じく雑所得だが、「公的年金等控除」があり一定額までの場合、非課税となり有利

＊公的な年金で掛金の運用益は非課税のため、おなじ額の掛金に対する効率が民間のものよりもよい優良な保険といえる

など、大きなメリットが上げられます。おなじ入るなら、国民年金基金を検討してみてはいかがでしょう。

厚生年金の人が、さらに上乗せを考えたい場合には、会社によっては**企業年金**がある場合があります。これは企業年金として徴収した保険料に厚生年金保険料の一部（代行部分）を加えて企業で独自に運用するもので、国が管理している「ねんきん定期便」には現れてこない部分です。俗に3階部分と言われる企業年金については、自分の場合はどうなのかを、まず会社担当者などに問い合わせて把握してください。そしてそれでもなおお不足するなら、そのときつぎの方法について考えてみるべきでしょう。

企業年金
厚生年金基金、確定給付企業年金、確定拠出年金、適格退職年金などがあります。説明は煩瑣にわたるので省略しますが、自分の勤め先に企業年金がある場合は、会社の担当部署などに（いつから、どのくらい受給できるのかなど）問い合わせてみてください。ただし、近時は運用難からＡＩＪ事件なども起きています。

社会保険料控除
→69ページ

雑所得
→68ページ

退職金
年金とならんで老後の資金のベースになるものとして、退職金があります。ただ、小さ

老後資金を考えるうえではやみくもに広告等の情報にまどわされることなく、まずは自分が加入している公的年金がどうなっているのかを把握したうえで検討してみることが、無駄なお金を使わないですむ賢明な方法だと思います。ライフプランニングには社会保険の知識も必要だというのは、ここのところを言うわけです。

業務事故や失業に労働者を支える労働保険

最後は労働保険。これは業務上や通勤時の災害を補償する労災保険と、求職時の生活を保障するための雇用保険を合わせたものです。

この労働保険は、人を雇う事業所はかならず加入義務があり、「うちは労災保険ないからね」という雇用主がいたら、それはモグリです。さっそく労基署へ通報しましょう（笑）。

労災保険

業務災害や通勤災害への補償をしてくれます。すべての労働者（パートや外国人も含む）に適用があり、保険料は、全額事業主負担。

療養給付（医療が無料）、休業給付（基礎日額の80％、4日目から）、傷病年金（障害が残った場合）、死亡給付などが受けられます。

業務中や通勤中の事故で労災事故に該当するなら、医療費給付について会社に相談してみます。しかし、仕事が厳しすぎて病気になった、後遺症が残った、過労死した、などをめぐって会社が業務起因性を認めず争いになるケースはよく報道されます。ハローワークや労基

な会社で退職金が出るかわからない、というかたもいるでしょう。会社が中小企業退職金共済制度（中退共）に加入して、退職金を積み立ててくれているかもしれません（会社が掛金を拠出し、国の補助が加わって積み立てられるもの。会社が拠出した掛金は損金計上でき税制上、優遇）。また、ご自分が経営者で自分の退職金を積み立てたいと思っているかたは、小規模企業共済があります（掛金が全額、社会保険料控除の対象となり、税金面で優遇あり）。退職時に一時払いするほか、年金として分割受給することもできます。

署、労働組合などに相談してみることも必要です。

雇用保険

会社を辞め、つぎの仕事を探すあいだ（求職時）の基本手当を給付してくれる、通称「失業保険」です。保険料率は職種によって多少違いがありますが、賃金支払総額（給料+通勤費）に規定の割合をかけて、事業主負担分、本人負担分を計算し、本人負担分は給料から天引きされます。

給付は求職中の生活保障として基本手当が、離職前6か月の賃金日額の50〜80%、加入年数に応じて90日分から支給されます。会社都合の退職ではすぐに（7日間の待機あり）、自己都合の退職では3か月後から、受給できます。

基本手当の手続きは、「雇用保険証」（会社で預かっていることが多いので、退職時に返してもらう）と「離職票」（離職理由や直前6か月の給与額の証明）をもって、本人住所地を管轄するハローワークで行ないます。受給は離職した日の翌日から1年間ですが、実家に帰って療養してその回復後とか、海外留学して帰国後とか、事情によって後日、求職するなどの場合は受給期間の延長ができますから、ハローワークで相談してください。

基本手当がもらえるとなると、ついもらえるあいだは遊んでそれから仕事探そうと思い勝ちですが（最近はそんなことない?）、履歴に少しでもブランクを空けないよう、なるたけ早く再就職先を見つけましょう（再就職手当ももらえる）。また、基本手当をもらわないでつぎの就職先で雇用保険に再加入すれば、加入期間が通算されていくので、本当に辞めて長く探さないといけないとき、より長く基本手当が受けられ助かります。

雇用保険には、教育訓練給付もあります。転職や求職に役立つスキルアップのために学校

雇用保険料率
一般事業では、事業主1000分の9・5、従業員1000分の6です。（平成23年度）

へ行ったり通信教育を利用するとき、その学費の2割（上限10万円）を受けることができます。給付対象になっている厚生労働大臣指定の学校やコースを選ぶとよいでしょう。これは、在職中でも利用できます。給付は受講終了の1か月以内に修了証や成績表などを添えて、本人住所地のハローワークへ申請します。つまりコースを申し込んだだけではダメ、ちゃんとマスターして、はじめて学費を補助してもらえる制度です。

高齢者の嘱託採用や、出産・育児、介護など、減給・無給のため仕事が続けにくいことをサポートするための雇用継続給付もあります。

介護休業給付
賃金日額の40％、同一対象家族に対し通算93日まで支給されます（賃金8割支給の場合は不支給）。介護休業の対象家族は親や配偶者で、この配偶者にはやはり「事実上婚姻関係と同様の事情にある者を含む」とされています。さて、同性のパートナーの介護のために介護休業をとり、給付も受けることができるのか？　だれも確かめた人はいません……。

4章 大増税の時代を前に税金を知る

ライフプランを考えるうえで、税金とのつきあいは切っても切れないものがあります。毎月の給料からは所得税が源泉徴収されていますし、フリーランスや自営業の人は、年が明ければ確定申告の準備が始まります。マンション買うこと一つとっても、さまざまな税金がからんできます。

この章では、私たちのライフプランに関係のありそうな税金について整理し、もしできるなら節税についても、いろいろ考えてみたいと思います。なんせこれから「大増税の時代」がやってきますから！

税金をめぐるアレコレ

税金税金と言っても広うござんす。いろんな分類の仕方がありますが、学校の社会科でよく習うのは「直接税と間接税」「国税と地方税」ですかね。

個人の収入（正確には所得）にかかるのは所得税ですが、会社などの勤めの人と自営業・フリーランスの人とでは、払い方に違いがありますね。勤めている人は、勤め先が給料を支払うときに、あらかじめ国税庁の源泉徴収税額表にもとづき所得税を天引き（源泉徴収）されます。所得税は1年間の給料全体に対して課税されますが、この税額表の数字はそれを月割りにしたあくまでも仮払い額で、年末に1年間の給与全体に対して再計算し、仮払い額との過不足を調整し、多ければ本人に還付します。これが年末調整です。なんだかミニボーナスをもらったようで嬉しいものですが、これまで多めに仮払いしてきたものが返ってきただけの話です。

一方、自営業やフリーランスの人は、年が明けると前年分の収入を整理し、申告書を書いて、2月中旬から3月中旬までの決められた期間に税務署へ自分で確定申告をし、納税をします。

このように勤めの人は収入を完全に勤め先に把握され、所得税も「正確に」計算され徴収されるわけですが、自営で確定申告の人は過小申告もやりたい放題。勤めの人（給与所得者）が収入を10割把握されるのに対して、某業種は5割、某某業種は3割、そして某某某業種にいたっては1割だ、これを称して「トーゴーサンピン」などと言ったりします。

過小申告のテクニックその一は、収入自体を過小申告（所得隠し）することで、その二は、あれも経費これも経費でぶちこむ（経費水増し）こと。売上・収入から経費を差し引いたいわば純益にあたる部分が所得で、課税されるのはこの所得額に対してですから。

ただし、こうして過小申告した場合、当座の納税はやり過ごせても、家を買うとか借りるとか、事業で借り入れをするとかで、収入証明を出してくださいと言われたとき、過小申告

直接税　所得税、法人税・事業税、相続税、固定資産税、贈与税など

間接税　消費税、さまざまな物品税など

源泉徴収　賃金は、通貨で、直接労働者に、その全額を支払う（労働基準法24条）が原則ですが、あらかじめ差し引いていいものがあります。税金や社会保険料など法令に定めがあるものがそれです。源泉徴収は戦費を効率的に集める目的で1940年に導入されました。労働者が、自分がいくら税金を負担しているのか実感しにくいので、政治に対するタックスペイヤーとしての怒りがいまいち盛り上がらない原因、などと批判されたりします。

がかえってアダとなり、「ご所得がこれだけでは支払や返済能力に疑問があり、賃貸は、融資は、難しいですね」となりかねません。もちろん税務署にわかれば重加算税こみでキッチリ落とし前つけさせられますから、やはり正確に申告されるのが一番です。

さて、こうして3月に税務署で確定申告を行なうと、その所得情報は役場にも回され、おなじころ会社からも従業員の給与の報告がそれぞれ住所地の役場に送られ、役場ではそれをもとに住民税の計算や国民健康保険（国保）の人の保険料の計算を行ないます。そして6、7月ごろ、それぞれの納付書が役場から届く（勤めの人は会社へ住民税の納付書が送られ、給料から源泉徴収）、という流れになっています。

さて、ほかにも税金をめぐっては、

・カップルの同性愛者は、結婚している夫婦と比べて税金が不利って聞くけど、ホント?
・勤めの人でも年末調整以外に、自分で確定申告する場合があるらしい……。
・年の途中で会社を辞めた。税金についてどうしたらいい?
・給料から天引きされる所得税以外に、うちらと税金とのつきあいってなにがある?

そんな声を聞くことがあります。この章を読み終えたとき、同性愛者のライフプランと税金についてある程度の見通しがつくといいのですが……。

所得税、どうやって計算するの?

1　収入―経費で課税のベースを出す

では、さっそく税金のメイン、所得税について整理してみましょう。

HIV陽性の人で自立支援医療を受けている人も、毎年7月ごろに切り替えがあり、そのさい前年度の収入証明が必要になります。その時期までに確定申告を終えておく必要があるわけです。

所得税は私たちの収入に対してかかる税金ですが、収入まるごとが課税の対象になるわけではありません。それぞれの収入を得るためには、それ相応の元手なり経費なりがかかっています。それらを差し引いて（控除といいます）所得を出し、その所得を合算して課税のベースとなる課税標準を出します。

所得にはつぎの10種類があります。どんな所得があるのか、それは自分にもかかわりがあるか、そんなところを気にしてご覧ください。

給与所得　お勤めの人の所得です。給料や賞与の総額から給与所得控除（最低65万円、金額に応じて上昇）を差し引きます。給与所得控除はサラリーマン・ウーマンの「みなし必要経費」とでもいうものですが、さらに特定の支出――職務に必要な資格取得費、単身赴任の往復費などなど――がある場合、特定支出控除が認められる場合があります。

退職所得　退職金から退職所得控除を差し引いたものです。勤続20年を境いに控除額の計算式に違いがありますが、退職金の支払いのさいに源泉徴収されて課税関係は終了、とくに申告の必要はありません（分離課税）。

事業所得　フリー、自営業など個人事業主の人の所得です。総収入（報酬や売上）から必要経費を差し引きます。

利子所得　預貯金の利子、債券（国債など）の利子、投資信託の収益分配金などです。20％が源泉徴収されて課税関係は終了、とくに申告の必要はありません（分離課税）。ただし、国外の銀行から直接受け取った利子は、申告をします。

配当所得　株式の配当など。10％が課税されますが、課税の方法にはいくつかやり方があって、株取引を始めるときなどに自分で選択します（ここでは説明省略）。

不動産所得　不動産の貸付による所得で、アパートを持っている大家さんとか投資用マンションを持っている人に関係します。賃料収入から必要経費（購入のためのローン費用、修繕管理費、固定資産税、減価償却費などなど）を差し引いたもの。

山林所得　山持ちの人が、その立木の売買をしたときの所得です。あんまり関係なさそう（笑）。

譲渡所得　財産の譲渡（不動産や株、ゴルフ会員権などの売却）があった場合の売却益です。売却物の種類やその保有期間で控除や計算式に違いがあります。大きな売り物をするときには、業者等とよくご相談ください。

一時所得　懸賞金、ギャンブルの払戻金、保険の一時金や満期返戻金《へんれいきん》、立退料などなど。必要経費や特別控除を差し引きます。ちなみに宝くじは非課税だそう。

雑所得　公的年金、個人年金、業とする人以外の人の原稿料など。控除あり。

いろいろあるものですね。多くの人に関係あるものは、給与所得または事業所得、そして預貯金の利子所得でしょうか。あとは株でもやってれば配当所得や譲渡所得（売却時）、投資用マンション持ってて不動産所得、万馬券当てて一時所得、コミケで同人誌売って雑所得……。高齢者になると年金を雑所得で確定申告、という感じですね。

2 所得控除を差し引く

課税のベースになる課税標準から今度は所得控除をして、課税の対象となる課税所得を出

上場株式等の配当等については、10％の軽減税率により源泉徴収されます。平成26年1月1日以後は、20％になります。

します。またまた細かくて恐縮ですが、自分に当てはまるかどうかを気にしながら、ご覧になってください。

○人的控除

基礎控除　だれでも無条件に38万円を差し引けます。

配偶者控除　生計を一にし入籍している、所得が38万円以下の配偶者がある場合、38万円を差し引けます。

配偶者特別控除　所得が38万円以上の配偶者（つまり配偶者控除を受けられない場合）でも、配偶者の所得が76万円未満の場合は、段階に応じて控除があります。配偶者控除の拡大判です。

扶養控除　扶養家族（子どもや老親など）がいる場合、年齢や老親の同居の有無によってさまざまな控除があります。

障害者控除　本人や、控除を受けている配偶者・扶養親族が障害者の場合、上乗せして障害者控除が受けられます。

勤労学生控除　本人が学生で、合計所得金額が65万円以下の場合、27万円を差し引けます。

寡婦寡夫控除　配偶者と死別や離婚をした人でその後、再婚しておらず、収入の条件等もみたす場合、寡婦または寡夫控除を受けることができます。

○物的控除

社会保険料控除　年金や健康保険などの公的な社会保険の保険料は、全額が控除できま

基礎控除
パートなどの収入が１０３万円未満の場合、基礎控除38万円と給与所得控除の最小65万円を差し引くと、税金がかかる部分がなくなり、非課税となります。そのためつい「税金取られない範囲で働くのがいい」となり、それが女性などの社会進出を阻害する心理要因となる、といった批判があります。いわゆる「１０３万円の壁」です。

す。

小規模企業共済等掛金控除　小規模企業共済、確定拠出年金の掛金などが、全額が控除できます。

生命保険料控除　生命保険と個人年金の保険料が、それぞれ5万円を上限に控除できます。ただし、本人または親族が受取人であること。

地震保険料控除　地震保険の保険料が、5万円を上限に控除できます。

寄付金控除　国や公益法人への寄付が対象。寄付金額から2千円を引いた額を、控除できます。

雑損控除　災害、盗難、横領にあったとき、損害額を控除できます。一回で控除しきれないときはその後、3年間にわたって繰り越せます。

医療費控除　医療費の10万円を越える部分。ただし医療保険などで補填できた場合は、それを差し引くこと。

いかがでしょう。配偶者控除や子どもがいないので扶養控除はあまり関係がありませんが、項目によっては差し引くことができ、それだけ税金がかかる範囲を小さくすることができる場合があります。

社会保険のところでもお話しましたが、国民年金基金や小規模企業共済など国がやっている制度に加入すると、その保険料は全額が所得控除できます。同様の老後年金を民間の保険商品でまかなっても、5万円しか所得控除になりません。それだけ公の制度は優遇されているわけですから、どうせ入るならまずこっちを検討したほうがいいわけです。定期的な通院

寄付金控除
正確には、寄付金額か課税標準の40%のいずれか少ない金額から2千円を引いた額。

などしている人は、医療費の領収書を保存しておき医療費控除の検討もします。自治体や赤十字、放送局などへの震災義援金は寄付金控除の適用になります。また、地震保険料控除を知っておけば、これは火災保険といっしょに入るものですが、せっかくだから控除もあるなら地震保険も入っておこうか、という気になるかもしれません。

人的控除では、老親と同居していたり仕送りしている場合、扶養控除を検討しましょう。自分が休職したり退職して大学院でＭＢＡとか鍼灸学校へなんていうときは、勤労学生控除もありですね。ご自身がＨＩＶ陽性などで障害者手帳を持っている場合は、障害者控除が適用できます。

3　税金を直接、負けてもらう

こうして課税所得を求めたら、これに規定の税率をあてはめて所得税の額を求めます。場合によっては、こうして求めた所得税額から、さらに差し引いてもらえる、つまり税金を直接、負けてもらえる場合があります。よく知られるものには**住宅ローン控除**があり、ローンの年末残高×控除率〈１％等〉をローン返済の1年目から10年にわたって控除してもらえます。ほかにも耐震改修やバリアフリー改修など、政策的に推進されていることをやると税額控除の適用がある場合があります。東日本大震災など指定された災害の場合、所得税の減免措置がとられることもあります（災害減免法による。雑損控除との選択）。

細かいものですが、確定申告をしなければならない場合、国税庁のｅタックスでオンライン申請で行なうと、事前に開始届出書の提出、電子証明書の取得などが必要ですが、平成23年分は最高４０００円（平成24年分は最高３０００円）の「電子証明書等特別控除」の適用もあります。電子申請に慣れているかたは、ぜひ。

このほか自宅を買い替えたとか保険の満期返戻金を受け取ったときなど、税金的に気をつけなければならないときがありますから、業者や担当者とよく相談します。

このように、所得税の課税の仕組みを知って、必要経費の控除や所得控除、税額控除をうまく利用し、税金的にもお得な選択をしながらライフプランニングを工夫してみてください。

贈与税と相続税の基礎知識

さて、所得税以外に私たちに身近（そう）な税金として、贈与税と相続税について考えてみましょう。

人から人に、売買ではなく無償で財産が移ったとき、財産をもらった人に税金がかかります。それが贈与税です。現金や、現金でなくても不動産や車などの財産をもらう場合、あるいは親がかけてくれた保険の満期返戻金を自分がもらうなどといった場合も、贈与税がかかります。

贈与税には基礎控除が110万円あり、つまり贈与税は年に110万円以上をもらった場合にかかり、金額に応じて税率がアップしていきます。

人から人に財産が無償で移るケースとして、贈与以外に相続があります。そしてもらった人、つまり相続人には相続税がかかることがあります。しかし、相続税にも基礎控除があり、相続財産の価額が、基礎控除5000万円+法定相続人×1000万円を超える場合に、相続税がかかります。よほどのお金持ちの人の相続でなければ、相続税はかからないのが実態です。

親から子どもへ財産を渡す場合、生きているうちに渡すと、年額110万円以上は贈与税の対象になる。しかし、亡くなったとき相続のかたちで受け継ぐなら、税金はほとんどの場合かからない。平均寿命も延びた現在、これでは高額な贈与税を敬遠して親から子への財産の移動がなかなか起こらず、社会的にも不都合なことになりかねません。

それで、贈与税の特例として**相続時清算課税制度**がもうけられています。これは、親から財産をもらった場合、親が亡くなったときに相続税として清算・納税することにして、現時点での贈与税を免除してもらう制度です。父母それぞれから累計2500万円まで贈与税が非課税になり、両親合わせると5千万円まで非課税になります。贈与者は65歳以上の親、受贈者は20歳以上の推定相続人（子ども）が要件です。そして贈与者が亡くなったときは、贈与された財産をそのときの相続財産に加えて相続税を計算します。

また、自宅の取得や増改築などで資金の贈与を父母など直系尊属から受けるさいには、1000万円まで贈与税そのものが非課税になります。相続時清算課税制度とあわせて住宅購入のために3500万円まで有利に援助を受けることができます。

親に一定額の財産を援助してもらうことでライフプランの実現を考えることは、ひとつの「戦略」です。親の世代は、経済が上向きだったこともあり、現在世代の私たちより経済的な余裕があることも事実です。親にも「老後の不安」はあるでしょうが、さまざまな状況から、親の援助を受けることが一つの戦略となるなら、税制的なメリットもあるので検討してみてもよいのではないでしょうか。

同性愛者の視点で税金を考える

最後にまとめとして、私たちのライフプランと税金について考えるべき点をあげてみましょう。

◎あたりまえの節税策に注意する

税金は社会の会費ですから、払うべきものは払いましょう。でも、払い方によっては納付額を少なくすることができる節税策があります。こうしたあたりまえの節税策は、きちんと使わせてもらいましょう。

所得控除の検討　所得税の計算のさいの所得控除で、控除できるものがあればきちんと控除させてもらいましょう。老親に仕送っている人、出戻り学生、子連れ・離婚の人、障害者手帳がある人などです。

青色申告の検討　事業所得や、投資用マンションなどで不動産所得のある人は、正規の複式簿記、貸借対照表や損益計算書などが必要ですが、青色申告をすると特別控除が65万受けられ、それだけ税金が安くなります。経理に心得があったり経理ソフトでクリアできそうなら、要検討です。

マル優の検討　障害者手帳のある人は貯金や国債を買った場合などの利子が非課税になります。微々たるものかもしれませんが……。

きちんと確定申告する　副業の原稿料などで源泉が1割引かれている人、確定申告でそれが戻ってくることがあります。また、災害にあったなどの雑損控除、多額の医療費がかかったときの医療費控除、義援金や政党カンパなどへの寄付金控除を受ける場合は、会社

70歳以上の老人扶養親族
同居以外　48万円控除
同居老親　58万円控除
70歳未満でも、一般の扶養親族として38万円控除

で年末調整してもらっている人でも確定申告が必要です。

ほかにも、債券投資（株や投資信託など）、住宅購入や売却をする場合には、それぞれ節税策があるでしょうから、業者とよく相談することです。

◎給与所得者でも確定申告の必要な場合がある

会社が年末調整してくれる給与所得者でも、確定申告しなければならない場合があります。

・給与収入が2千万を超える場合（お羨ましい……）
・2か所以上から給与を受けていて、従たる給与などが20万円を超える場合（掛け持ちの場合ですね）
・1か所から給与を受けているが、それ以外で20万円を超える所得がある場合（副業の場合ですね）
・雑損控除、医療費控除、寄付金控除を受ける場合（前項でもご説明しました）
・住宅ローン控除を受ける場合（初年度のみ）

◎生命保険等と税金について

身近な生命保険ですが、税金ともいろいろかかわっています。保険料には生命保険料控除がありますが、上限5万円で、これも本人・親族が保険金を受け取る場合です。また、自分が亡くなって受け取った保険金は相続財産として相続税の対象になりますが、500万円×法定相続人数分は非課税になります。しかし、これは本人・親族受け取りの場合で、それ以外の人が受け取る場合は非課税枠の適用はありません。

ですので、パートナー（相方）に保険を受け取らせたいと思うかたは要注意で、本書ではそもそも同性愛者は生命保険に入らないほうがいいのでは？　という考えに立っています（くわしくは6章）。

また、生命保険ではなく老後年金のための保険商品を探す場合は、こちらも生命保険料控除（年金タイプ）が上限5万円に対して、公的なもの（国民年金基金、確定拠出年金）は全額社会保険料控除の対象であり、受け取り時も、公的年金控除（雑所得）などで得です。税金対策も兼ねて検討してみるべきでしょう。

◎年の途中で会社を辞めた場合

退職時に1月から現在までの「源泉徴収票」をもらいます。年内に再就職したらそれをその会社に提出して、転職前の給与と合算して年末調整してもらいます。もし年内に再就職しない場合は、翌年春、自分で確定申告をしてください。年内の収入を証明する書類をそろえ（労働保険の基本手当は非課税なので、申告は不要です）、といっても辞めた会社の源泉徴収票だけかもしれませんが、それ以外になにか副業をしたならその支払調書、副業に要した経費があればその明細、また単発のアルバイトでもなるべく自己申告したほうがいいでしょう、それらの資料をそろえて住所地の税務署に行き、職員に教えてもらいながら申告書を書いてください。それをしておかないと住民税や国民健康保険料の計算ができませんし、公的な医療費助成を受けている人（ＨＩＶ陽性など）も更新ができなくなります。

パート 2

気になることとの向きあい方

——住まい、保険、病気

5章 持ち家もよし、賃貸もまたよし

まずは「賃貸か購入か」問題

ライフプランニングの大きなテーマの一つに、住居問題があります。最初に、ありがちですが、やはり「賃貸か購入か」について、考えてみましょう。

賃貸か購入かについて、本書はどちらをお勧めするとか、これが正解とか言う気はありません。世間一般、配偶者がいて子どもがいて、という場合には、おそらく家を買うということが家族のライフプランのなかに当然のものとして組み込まれているのでしょうが、同性愛者の場合はどうなのか。子どもとか家族にあまりとらわれずに、良い意味でも悪い意味でも自分本位にライフプランを設計できる関係上、不動産を持つことにもさまざまな考え方がありえるでしょう。

賃貸と購入について、本書なりに整理してみたのが81ページの表です。

まずは費用ですが、40歳からを考えた場合、80歳まで生きるとして残り40年間も家賃を支

ゲイが（やっと）人生の腹を括るとき

家を買って8桁の借金を背負ったとき

親が倒れて介護が始まったとき

自分のＨＩＶ感染がわかったとき

払い続けるとすると、かなりの金額になることがわかります。生涯続く住居費は、リタイア後の低収入になった家計をたしかに圧迫するでしょう。

では、やはり家は買ったほうがおトクなのか？　一概にそうとも言えません。新築で3000万円の物件を買ったとしても、即金で買う人はまずいないわけで、通常35年にわたるローンを組めば、その利息もけっこうな額になりますし、ローンを組む手数料や登記など所有にかかわる税金もあり、買ったあとも管理費や修繕積立て、固定資産税など、月々のローン返済額だけでは済まないものがあります。そうしたことから、**賃貸と購入とでは生涯住宅費用としてはそれほど変わらない**のではないかというのが本書の見方です。また、完済してしまえば老後は安心ですが、逆に中年期は返済に追われる可能性もあり、どちらにせよ苦しい時期・ラクな時期が先か後かの問題とも言えます。

たくさんのお金を払って結局、自分の所有にならないより、資産になるので購入を選択するかたもいます。もっとも購入40年後のマンションにどれぐらいの価値があるのかはわかりません。男と家は新しいほうが……で、賃貸と転居を続ける考えもありえます。ただ、購入のほうが、同程度の費用に対して広めの物件となるなど「コストパフォーマンスがいい」とは言えるかもしれません。また中年期にある程度、貯金もできたところで安い中古マンションを即金に近いカタチで買ってしまうというのは、老後の節約の意味でアリかもしれません。もちろん老後もそこで住み続けるのか、気持ちの変化は予想はできませんし、中古ですから長生きしたために自分の目の黒いうちに建て替えが起こってしまっては目も当てられませんが……。

改装など手を入れることには、他人のモノか自分のモノかで大きな違いがあり、インテリアに凝るゲイは自宅マンションで腕を振るいたいかもしれません。しかし、賃貸派は転居が自由であり、不動産を持つ「重さ」は、転居ができないことはもとより、転勤や海外駐在がある場合、住んでくれる家族がいるわけではない同性愛者にとっては考えどころです。

賃貸は、高齢時に引っ越すことへの困難が言われます。一人者の年寄りになど貸してくれる家主はいない、というわけです。とはいえこの超高齢社会、政策的にも高齢者入居支援のための事業が官民でさまざまに展開されています。「高齢者を拒まない賃貸住宅」リストづくり、行政による家賃保証人制度などの整備、そして家主がいやがる孤独死・無縁死に対しての見守りサービス（葬儀の実施、残存家財の片付けを、あらかじめ契約によって低廉に提供など）などです。賃貸市況の現状から、家主側もえり好みしていられない実情もありますから、かなり改善は進むでしょう。とはいえ買ってしまえば「終《つい》の住処《すみか》」の安心感があり、さらに身体変化（老化）に合わせて手すりやスロープ、その他の改装を施すことも自由です（賃貸住宅でも家主の了解を得て可能な場合もあります）。お金を借りるなど、万一の場合の担保としうることも、不動産を所有している者の強みでしょうか。

こうしたことから、購入したかたがよくおっしゃるのは、大きな財産を持ったことによる気持ちの安心感、成長の面です。さすがに賃貸に、それはないかもしれません。しかし、このリスク社会、長い人生にはなにが起こるかわかりません。大きな財産を持つことは反面で大きな債務を背負うことでもあります。いまの仕事、否、いまの勤め先が10年後もあるかは不透明な時代ですし、現在は大きな災害によるリスクも考えなければなりません。悩ましいところです。

最後に、「その後」について考えた場合、所有は遺産として、その不動産の行き先について

高齢期の住宅賃貸
→10章参照

天災のリスク
念願のマイホームが完成し、神官を招いてお祓いをしたその日の午後、東日本大震災が起こり、大津波が家を土台から押し流していった……。この世にはこうしたこともあり得るのかと、衝撃をもってこの記事を読みました。（朝日新聞）

1日だけのマイホーム
津波直撃 ローンだけ残った
「リセットさせて

賃貸と購入の比較表

賃貸		購入
基本的に家賃支出のみ 例：40歳から80歳まで家賃を払い続けると 月10万×１２月×４０年＝4800万	費用	物件価格以外に、ローン利息や購入時の 諸費用かかる 他にも税金など所有にかかわる費用あり
住居費が生涯続く。老後の低収入経済を圧迫	ライフプランとの関係	完済後は住居費負担なし 繰上げ返済等で中年期の経済を圧迫か
返還時に原状回復義務	改装	自宅なので、 ライフスタイルに合わせて改装可
転居が自由	移動性・処分性	定住。売却や転貸は面倒
高齢時の転居が不安 「老後向け住居」への転居が可能	高齢時	そこが終の住処。自宅を改造も可
なんの担保にもならない	担保性	担保に供しうる 資産価値減で担保価値がない場合もある
漂泊感？　未成熟感？	気持ち	達成感、責任感が生まれる
経済状態の変化に転居で対応が可 災害で破損しても賃借人には無関係	リスク対応	ローンの縛りあり、仕事を辞められない 災害で破損も基本的に自分の財産
通常は死亡で終了（賃借権の相続もあるが）	その後	遺産となる。相続対策必要
同性２人での賃貸は？？	同性パートナーシップ	同性２人での購入は？？

考えておく必要があるでしょう。そして同性2人のパートナーシップにとって、賃貸と購入はどういう意味をもつのか？　どんなことが起こるのか？　これもまだまだ不透明な部分があります。

このように、賃貸か購入かは、自分のライフプランとにらみ合わせながら選択するよりないという、当たり前すぎて恐縮する結論しか出せないようです。転勤・駐在のある仕事なのか、自分が長期間のローンに耐えられそうか、買ったのはいいが郊外で、でも老後こそ都心で劇場や美術館を楽しみたいから引っ越したいとか、逆に都心の賃貸生活を終えて老後こそ自然の多い地域へ家を買って移りたいとか、実家をもらえそうだとか、パートナー（相方）とはどうするんだとか、人それぞれ考えることはあるでしょう。ノンケの家族もちなら購入は人生の「するべきこと」かもしれませんが、同性愛者である自分の場合、買うもよし、借りるもまたよし、です。

家を買うときのお金の知識

家――といっても多くはマンションでしょうが――を買う場合の費用等について、マンション情報誌にも書いてある程度のことですが、整理しておきましょう。

いくらお金がかかるのか。よく言われるのは、頭金は物件価格の2割、ローンは8割、そして購入時の諸費用が1割弱必要ということです。つまり購入時には物件価格の3割弱を現金で用意することが必要ということです。

この1割弱のお金とは、なにか？

どちらも選択できるからには、自分がした選択に自分なりの理由づけをすることが大切でしょう。こんなとき、昔のオカマは杉村春子一代の当たり役、「女の一生」のこのセリフを好んで口にしたそうです。それをあなたに贈ります。

誰が選んでくれたものでもない。自分が選んで歩き出した道ですもの。間違いと知ったら、自分で間違いでないようにしなくちゃ。

ライフプランニングとは、厳しいものです（笑）。

手続き諸経費　ローン手数料（金融機関へ）、ローン保証料（信用保証協会などへ）、団体信用生命保険料、火災保険・地震保険料、登記手数料（司法書士へ）、仲介手数料（不動産会社へ）など

税金　登録免許税（所有権の移転登記）、印紙税（契約書など）、不動産取得税（条件により軽減あり）、消費税（ただし土地部分は非課税）

けっこうあるものです。

住宅ローンの借入金は、年収の４倍以内が無理のない返済計画が組めると言われます。３０００万円の物件の８割として２４００万円のローンを組む場合、年収６００万円以上の人なら相応ということでしょうか。年収から逆算して、相応のローン額や物件価格を計算することもできますね。

ローンを組む場合、借りたときの利率が維持される固定金利と折々に金利が見直される変動金利、毎月定額を返済する元利均等返済とだんだん返済額が減っていく元金均等返済、また繰り上げ返済やローンの借り換えなどについて聞かされることになります。融資を受ける金融機関の窓口などでゆっくりご相談ください。

物件を購入するときには、先に述べたように、最初にまとまったお金が必要です。そのお金が、利子が非課税という若干有利な条件で貯蓄できるのが、財形住宅貯蓄でした。財形をやっていると、残高の10倍以内の融資（上限４０００万円）も受けられます。

親からまとまったお金をもらって住宅購入資金にあてよう、でも相続まで待てない、でも贈与税を払うのはイヤ、という場合には、相続時精算課税制度があるのでした。

そして、実際にローンを組んだ場合、年末ローン残高の１％の金額を最長10年間、所得税

財形住宅貯蓄
↓39ページ

相続時清算課税制度
↓73ページ

住宅ローン控除
↓71ページ

から直接、差し引いてもらえる住宅ローン控除もあります。住宅市況の活性化を図る政策的優遇です。

これらは誰でもが検討することですので、業者や銀行と相談して上手に活用してください。

さて、不動産を購入したあとも、ローン返済以外にさまざまな費用があります。管理費、修繕積立金、リフォーム代、団信保険料などですし、毎年の税金としては固定資産税や都市計画税が課税されます。共有者である住人どうしのつきあい（管理組合）もあります。

「同性パートナーと賃貸住宅」の問題

身一人で買うか借りるかは前節までのお話として、同性愛者のライフプランと住宅、今度はパートナーとの住宅問題について考えてみましょう。まずは賃貸について。

若者どうしでのルームシェアは、現在かなりメジャーになりました。不動産屋さんにはルームシェア可の物件も掲示されていますし、ルームメイトを求めるウェブサイトなどもあるようです。しかし、中高年以上の同性2人がルームシェアで賃貸を申し込むのは、やはり今でもレアではないでしょうか。そのため、カップルのうちの一人の名義で契約し、もう一人が「居候」をするというパターンが多いかもしれません。

この場合、名義者が突然死亡することがあると賃貸契約は終了し、もう一人も即退去のやむなしということになります。配偶者などと違って、賃借権がそのまま相続されるということはないわけです。

契約書にない住居人がいることは、契約違反で契約解除の可能性があるかもしれません。

もっとも判例は、「なるほど契約違反の面はあるかもしれないが、それが家主側に対してよほど背信行為と認めるほどのものではないんだったら、むやみに解除権が発生するものじゃありませんよ」と、借り手の側を保護しています。通常の使用をし、家賃の滞りもないのであれば、居候の存在が知られたからといって一方的な解約を恐れるには及ばないでしょう。

このように、民間の賃貸住宅を同性パートナーと借りることについては、ケースバイケースとしか言いようがありません。

民間ではない、都営や県営などの公営住宅については、公営住宅法により非親族の同性2人による入居は不可とされています（当然、申込みも受理されません）。しかし、行政による賃貸住宅でも公営住宅法の規制を受けないもの――行政が住宅公社などを設立し、それが設置・運営するものでは、大阪府の公社住宅のように、非親族によるハウスシェアリング制度を導入しているものもあります。これは非親族どうしの入居を認めたものです。

この制度に先立って、UR（都市再生機構、旧住宅都市整備公団）では、全国のUR団地のうち304か所を指定して、非親族2名によるハウスシェアリング制度を2004年から導入しています。導入時の趣旨は単身高齢者どうしの助け合い入居など政策的必要性に応えるためとしていますが、かつて私が取材したとき、同性愛カップルの利用は想定されていると広報担当者は答えています。

UR住宅は築年数によっては家賃もリーズナブルで、（低収入とされる）女性カップルでも住みやすいと思われます。保証人や更新料が不要といった魅力もあり、同性カップル2人で住む家を探している場合、UR住宅を検討してみるのはいかがでしょうか。利用実績があがれば、指定の拡大や、他の都道府県の公社住宅などへの好影響も促進するかもしれません。

信頼関係破壊の法理
賃借人の当該行為が賃貸人に対する背信的行為と認めるに足らない特段の事情がある場合においては、同条（民612条）の解除権は発生しない。（最判昭28・9・25）

公営住宅法23条の1
現に同居し、又は同居しようとする親族（婚姻の届出をしないが事実上婚姻関係と同様の事情にある者その他婚姻の予約者を含む。）があること

「同性パートナーと住宅購入」の問題

パートナーとの住宅問題、頭の痛いのは購入の場合です。

○万円の物件を購入することにし、×万円の頭金、残り△万円は住宅ローンを組むことにします。頭金やローンをAさんとBさん2人で半分ずつ出しあって購入し、物件の所有権名義もABがそれぞれ2分の1ずつ登記する、とできればいいのですが、事態はなかなか簡単にいきそうもありません。

住宅ローンを複数の連名で組むために、銀行はいわゆる連帯債務とかペアローンといったものを用意しています。連帯債務は2人が共同でその債務を背負い、債権者（銀行）はどちらの債務者へも全額を請求することができるもの。ペアローンは1つの物件に対して2本のローンを組み、それぞれが直接、銀行に返済するものです。物件はペアローンの債務者の共有名義になります。

ただ、連帯債務にしろペアローンにしろ、銀行は1親等以内、つまり親子か夫婦（入籍が必要）での利用を想定しており、それ以外は受け付けていません。債務者のだれかに万が一のことがあっても、1親等どうしなのでただちに相続が起こり、残債務を負う人が不明確にならないとか、相手の共有持分が相続されて物件の所有関係に第三者が介入する危険性がないなど（物件は銀行からすれば担保ですから）、銀行にとっても安心できるからでしょう。

連帯債務やペアローンなら、いわゆる収入合算により一人の収入では借りられない額のローンが組め、2人で十分住める広さのマンションを買うことができるかもしれないのに、同性2人の場合はそれが不可能ということは、結局、ローン額が一人分の収入に規定され、それによって買う物件にも制限が出てしまうわけです。

現状としては、ABの2人で住むつもりでも、どちらかの名義でローンを組み、所有権登記も単独でやり、折半分については2人の内部でお金をやり取りして解決することになります。

そうなると、たとえばBさんがAさんに渡しているお金は、一体なになるのでしょうか？　Aさんがマンションの半分をBさんに賃貸したその賃貸料、つまりAさんの不動産所得とでも解釈するべきなのでしょうか？　それならばAさんは、確定申告をしたほうがいいのでしょうか？　自宅用マンションなのに賃貸業となれば、税金の住宅ローン控除も取り消されるのでしょうか？　考えはじめるとよくわからなくなってきます。

この程度なら黙ってやってればいいのですが（オイオイ）、Aさんは年末調整のときに住宅ローン控除を受けて税金がかなり安くなっている一方、Bさんは自分もローンを払っているつもりなのに、なんの恩恵もありません。もちろん、マンションの所有権名義はあいかわらずAさん一人のものです。

購入するときにはBさんもまとまった額を頭金として出すので、所有権名義の何分の1かは自分の名義にしてほしいと言いましたが、Aさんはいい顔をしません。購入物件を担保にしてローンを貸す銀行も、それでは貸せませんと言います。債務者以外の赤の他人の共有持分がついている担保なんて、債権者からすれば、万一のとき競売で売れるわけがありませんから。

Bさんは釈然としません。Aさんは年上であり、Bさんよりも収入があり、二言目には「おまえの悪いようにはしない。愛してるから」とは言うのですが、2人の関係性にもしものことがあれば、結局、力関係で弱いBさんが身一つで家を出るしかないのでしょうか。そのとき家を出ていくことになったほうは、これまで払った頭金やローンの折半分を、どう納得すればいいのでしょう。

こうしたことに対して本書も、明確な答えを持っているわけではありません。出ていく側は、これまで払った額はやはりこの家に住まわせてもらった家賃だったのだとでも思い、所有権に対しては諦めるほうがいいかもしれません。第一、残る側は、今後もローンを背負い続けるわけですから。せめては家を出るときに清算する資料にするために、これまで払った頭金や月々の折半分をちゃんと記録に残しておくことが大切です。頭金など多く払ったために、実際の居住年月に近隣の家賃相場を乗じてみた場合、トータルで多く払いすぎているなら、返還してもらってもいいのではないでしょうか。

購入した家に同居をし、ローンを折半するにあたっては、同居者がどの程度を払うのか（頭金も払うのか、途中同居でローンの一部だけ払うのか、固定資産税などはどう分担するのか、など）、所有権や同居を解消する場合にはどうするのか、あらかじめ話しあって合意し、文書化することが必要ではないかと思います。別れる話ばかりでは気が滅入るでしょうから、所有者に万一のことがあった場合に相続できるよう遺言状といっしょに作るようにすれば、硬軟並行で比較的スムーズに進むかもしれません。合意書や遺言書づくりには、この内容で漏れがないか、法的に有効か、専門家（弁護士や書士など）に相談してみるのも、これからの時代、必要なことかもしれません。

自分が死んだとき、家はどうなる？

その遺言状ですが、不動産を所有している場合、やはり自分が死亡した場合のことについても少し考えておく必要があります。

本人が亡くなると、それまで所有権のあったモノに対して「無主」ということはありえず、死亡の瞬間に相続が開始します。民法では法定相続人に法定相続分の割合で共有されている状態になります。お金のように分割可能なものならいいのですが、家を○分の1もらうなどと言われても、分割不可能なものをもらってもしょうがないので、相続人間であらためて遺産分割協議が行なわれます。

本人がなんの意思表示も残さず亡くなれば、法定相続人のあいだで相続が行なわれます。マンションの場合、そこにパートナーが同居し、ローンの一部を実質的に負担していたとしても、原則、なんの権利もありません。ですから、自分名義のこのマンションはパートナーに渡したいなどというのであれば、きちんと遺言状を作っておく必要があります。

パートナーとのあいだに養子縁組をする方法もあります。養子縁組をすれば、養親が亡くなればその財産は自動的にすべて養子に相続されますから（他に実子や未離婚の配偶者がいないかぎり）、マンションの所有権についても問題はありません（ローンの残務も相続されますが、おそらく生命保険で充当されるでしょう）。

遺言状については同性愛者のライフプランニング上、大変重要で理解が必要ですので、11章であらためてお話したいと思います。

ということで、最後にまとめを――。

＊賃貸でいくか、買う決断をするか、ライフプランとからめて考える必要あり

一人で住まうのか、パートナーと住まうのか、現住所で住み続けるのか、第三の地へ移る可能性もあるのか

あるいは実家へ帰り、親の家をもらうという方法もあるのか

＊自分にとって「住まい」になにを求めるのか、なにを優先させるのか

安らげる自宅、ステイタスを象徴するもの？

それとも、家はしょせんは人生のトランクルーム？

住まいに求めるものの違いで、お金のかけかたも違ってくるはず

＊方針決まらないうちは、いつでも頭金に転用できるよう、貯蓄に励むがよろし！

6章 ライフスタイルから保険を考え直す

保険が大好きな日本人

この章では、ライフプランに大きなかかわりをもつ保険について考えてみたいと思います。

日本人は保険が大好きで、多くのかたが契約し、毎月相応の金額を保険料として支払っているようです。年額にすればかなりのもので、それを十何年、何十年と払う、場合によっては死ぬまで終身払うわけですから、保険は不動産のつぎに大きな買物と言われるのも当然です。

しかし、自分がなぜその保険に入っているのか、自分の入っている保険はどんなものなのか、わからなかったり、うまく説明できないかたが多いようです。若いころにセールスレディーや親戚の人たちに勧められるままに入ったせいかもしれません。「みなさん入ってますよ」とか、「将来や万一に備えて」とか、「若いうちに入ったほうが保険料も安いし、病気などしたあとでは保険に入れなくなりますよ」とか、いろいろな言われ方をして契約書にサインをし

保険は、イタリアの地中海貿易の商人たちが、たがいにお金を出し合って、遭難船が出た場合に船主にその補償をしたのが始まりといわれます。確率数学の発達で、保険料の算出方法も合理的なものになっていきました。

たのだと思います。

人生には不安がつきまといます。しかし、その不安の中身が自分の場合なんなのかを突き詰めるまえに、ともかく保険に入っておけばなんとかなる、という感じで契約し、月々保険料を払うことで、「これだけ自腹を切ってるんだから……」と自分を納得させているのかもしれません。

本書は同性愛者として生きていくライフプラン上のリスクとスキルについて考える本です。世の中一般で言われているライフプラン上のリスクが、私たちのライフスタイルにそのまま当てはまるわけではありません。こういう言い方を嫌がる人もいるかもしれませんが、私たちは世の中の大多数の人たちとは、少し異なる人生を送る種族です。もっとも、それは一つのライフスタイルにすぎません。いわゆる「おひとりさま」の増加など、セクシュアリティを超えて共同戦線を結べる、よく似た種族（笑）の人たちも増えています。

私たち同性愛者のライフプラン上のリスクにはどんなことがあり、それは保険商品を使って備えるのがいいのか、それとも違う方法で回避するほうがいいのか、頭をクリアにして考え直すことが大切だと思います。

生命保険の基礎知識

最初に、これからの説明のなかでも使う言葉ですので、保険の基礎についてご紹介します。

生命保険にはつぎの3種類があります。

定期保険　定められた保険期間中（それが定期ということ）に死亡した場合に保険金が支払われる保険です。保険料は基本的に掛捨て。向こう10年のあいだにあなたが死ぬほうに賭けるか、死なないほうに賭けるか、さあ、張った張った、というワケです。加入者は自分が死ぬほうに賭ける。負ければ掛金は取られるが自分は生きている。勝てば勝ち金が得られますが自分は……。遺族の生活保障や、住宅ローンの債務者が死亡した場合の残債務の完済などのために利用されます。若いときの勝負のほうが、統計上、人は死なない確率が高いですから掛金は安く、高齢のときの勝負では掛金はそれだけ高くなります。10年自動更新型などで保険料が上がっていくのは、そういう理由からです。

終身保険　死亡時に保険金が支払われる保険で、保険期間が一生継続します。保険料は掛捨てにならず、加入年齢に応じて解約返戻金《へんれいきん》が増加していきます。それだけ保険料は高くなります（一種の貯蓄と見なせます）。死亡時に遺族などが受け取るのが原則ですが、払込み満了時に年金払いにして自分が受け取ることもできます。

養老保険　保険期間中に死亡した場合には死亡保険金、満期まで生存した場合は同額の満期保険金が受け取れ、老後資金（養老資金）にできます。保険料は終身保険よりも高額です。加入時に保険料を一括払いする養老保険が過去には人気でした。満期まで長く運用できる分、受け取り時の保険金が多くなるからですが、現在の低金利ではそのメリットも薄れています。

実際に販売されている保険は、この3種類の組み合わせで作られています。たとえば、終身保険や養老保険に保険料の安い（ただし掛捨て）定期保険を一定期間、上乗せすることで、働き盛りのあいだの万一には高額な保険金を実現する、定期付き終身保険や定期付き養老保険です。

こうした保険金の原資となるのが、加入者が払い込む保険料です。保険料は保険金の支払いのために必要な純保険料と、保険会社の経費や利益になる付加保険料の組み合わせでできています。多くのセールスレディーを抱えて販売する会社よりネット生保のほうが、保険料が安いのはそのためです。

保険契約では、たとえば10年ごとに区切って更新が行なわれます。初めて加入したときの条件が継続しますが、おなじ保障内容でも保険料が上がっていくのが通例ですから、自動更新型のときには注意が必要です。

保険にはさまざまな特約を付加することができます。死亡した場合には、本体の定期保険や終身保険の死亡保障に加えて、これらの特約の死亡保障も合わせて保険金が支払われます。特定疾病保障特約は、ガン・急性心筋梗塞・脳卒中の三大疾病で所定の状態になったときに保険金が支払われる特約ですが、特定疾病で亡くなるなどしなくても、死亡・高度障害状態になったときには同額の死亡保険金などが支払われます。

よく聞く特約に、リビングニーズ特約があります。余命6か月の宣告で死亡保険金を生前に本人が受け取れるもので、この特約のために別に保険料を払う必要はありません。遺族ではなく、自分が亡くなるまえに保険金を使うことができます。

保険の契約について留意しておくことは、告知とクーリングオフでしょうか。

生命保険の契約については、健康状態などをありのままに申告する告知義務があります。

「5倍型」というある保険は、働き盛りのあいだの死亡保障は手厚く1000万円、その後は終身、死亡時に200万円受け取りというものでした。これは200万円の終身保険に一定期間、800万円の定期保険を上乗せしたものです。

故意または重大な過失により告げなかったり、事実と違うことを告げていた場合は、会社は契約を解除することができます。

ただし、責任開始期から2年以上、有効に継続した場合、または会社が告知義務違反を知りながら1か月以内に解除を行なわなかった場合は、もはや解除することができません。

いったん申し込んだ契約には、クーリングオフ期間があります。書面を受け取った日または申込み日、どちらか遅い日から8日以内なら、契約者は書面により申込みの撤回を行なうことができます。ただし、医師の診査を受けた場合、営業所に出向いて契約をした場合などは、適用がありません。

同性愛者が生命保険に入るニーズとは？

さて、保険の基礎を押さえたうえで、保険とどうつきあうかに考えを進めましょう。

保険に関するいろいろな本が出版されています。そのなかには保険業界の人が保険のウラ側を語るといった体《てい》のものがあり、その意見には一聴に値するものがあるのも確かです。曰く――

＊特約満載の保険で儲かるのは保険会社だけ。保険は難しい、複雑というが、消費者によくわからないかたちにしてともかく不安を煽って売り込んでしまうのは、保険会社の戦略ではないか。

＊そもそも保険が一番価値をもつのは、貯金では対応しにくい大金が調達できるという場面。自分に万一のことがあった場合、残された配偶者や子どもの生活保障のための

責任開始期
申込み、告知、第1回の保険料払込みが揃った時点から、保険会社は契約上の責任を負うことになります。
契約から一定期間内（2年）に自殺したときなどは、保険金を受け取れません。

後田亨著『生命保険のウラ側』朝日新書　2010年
上記の意見は後田さんのご本から紹介しました。後田さんは日本生命の営業を10年つとめ、現在は十数社の保険を扱う会社を経営。保険のプロ中のプロです。この本は、もと朝日新聞の電子版

保険金が受け取れることこそ、保険に入るメリットではないか。

＊これに対応するには、掛捨ての定期保険一本あればいい。それにいかに安く入るか。その他のものには目もくれるな。いま入っている保険を見直すなら、このことを基準にせよ。

＊公的健康保険があるのだから、わざわざ医療保険には入るな。

どうでしょうか。保険を各社比べるといっても、特約等が複雑化しすぎて一概には比べられません。でも、定期保険の部分ならおなじ保障額に対していくらで入れるのか、ハッキリ比較できます。販売に人件費がかかる古くからの生保会社より新発のネット生保のほうがはるかに安いでしょうし、さらに一番いいのは会社に団体保険があれば、それに加入するのがいいようです。ともかく、保険は定期保険一本でいいというアドバイスは、なかなか説得力のあるものでした。

さて、一般の人に保険の見直しやアドバイスするなら、「あなたに万一のことがあったときの配偶者と子どもの生活保障を考える定期保険一本に絞りなさい」と言えばいいでしょう。では、おなじことは私たち同性愛者にも言えるでしょうか？　かつて結婚していて子どもがいるなど特別の事情があるならともかく、一般に同性愛者に配偶者と子どもの生活保障を考えるというニーズは高いとは言えません。ご自身の保険を見て、死亡保障５０００万円とかあったら、それ誰に渡すの？　そのためにいくら保険料を払ってるの？　ということになります。まずここから同性愛者が保険になにを求めるのか、考え直さないといけないわけです。

もちろん、パートナーがいて、パートナーに保険金を受け取らせたいという声があることは承知しています。そして、そのために保険会社といろいろ交渉したり、だから同性婚の制

asahi.comに連載した「営業のプロが教える保険のからくり」をもとにしたもので、連載中から大きな反響を呼んだそうです。また、保険の原価——保険料のうち私たちの保障に回る部分がどれだけで、会社の経費や利益はどのくらいか、その内訳等も瞠目するべきものがあり、オモシロく読めることでしょう。「保険選びにかかる、時間と労力とお金を最低限にとどめ、ほぼ最大の成果を得たいと思っておられる方には損をさせないつもりです」とあります。

度が日本でも必要だと主張されるかたもいます。保険金の受取人は2親等以内の親族に限るというのは保険会社の内規に過ぎないのですから、保険会社がウンと言えばいいだけだし、同性カップルのかた歓迎の保険を売り出せば、シェア拡大になるかもしれません。

とはいえ、同性カップルで一方が専業主夫／主婦などをして相手の収入に依存するライフスタイルを「選んで」やっているとか、あるいは「いま私が死んだらアレはどうなるんだ」という幼児的なパートナーを抱えているとか（笑）、そういうカップルならともかく、たいてい両方とも自活して相応の収入があり、それを持ち寄って共同生活するなどしているのが同性カップルの現状ではないでしょうか。そういう自活できている相手に、わざわざ死亡保障何千万円とかを渡すために安くもない保険料を払い続けるのは、賢明でしょうか。むしろそのお金を、生きているうちに2人で旅行に行くとか美味しいものを食べるとかに使うほうがよくないか？

さらに現在の制度では、親族以外を受取人にする保険の場合、税金に違いがあります。

4章で説明したように、所得税の計算にあたり生命保険と個人年金保険、おのおの上限5万円の範囲で所得控除が受けられますが、生命保険は受取人が親族である場合、個人年金保険は受取人が本人または配偶者である場合に限られます。受取人が親族関係にない場合、この控除は受けられません。

また、死亡時に保険金を受け取る場合、保険金は相続財産とみなされて相続税の課税対象にはなりますが、親族が受け取る場合には、非課税枠があります（500万円×法定相続人）。しかし、親族以外が受け取る場合、非課税枠の適用がなく、全額が相続税の課税対象になります。相続税には基礎控除があり、たいていの人の財産レベルでは相続税はかからないもので

親等
0親等　配偶者
1親等　父母、子
2親等　きょうだい、孫、祖父母

生命保険料控除
→70ページ

非課税枠
→75ページ

すが、保険金がまるまる相続財産に組み入れられた場合は、基礎控除額を越えて相続税がかかる可能性がないわけでもない。

このようなことから、あえて自活している相手に保険金を受け取らせるために入れる保険会社を探す、そして保険料を払うということは、同性愛者のライフプラン上、あまり努力に値することとは思われない、と本書では考えていますが、いかがでしょうか。

本書では、「同性愛者は生命保険に入るな」と説くことにしています。保険金をあえて残さなければならない人（無収入の配偶者や子ども）がいないからです。そして、もし保険に入っているなら、家計の支出の見直しのうえからも、なるべく早く不要な保険料は切ったほうがいいのではないかと考えます。

なお、やっぱりそれでも相方にいくらか残したい、というのであれば、郵便局のかんぽ生命は、保険金が1000万円と比較的低額ということもあってか、親族以外を受取人にすることはできます。ただ、保険料や受け取り保険金への税金の関係はさきに述べたとおり、いささか不利です。

また、保険に入っている人で、自分や法定相続人を受取人にしている人は、その保険金請求権を遺言でべつのだれか、すなわちパートナーに遺贈することはできます。それについては、また11章で説明したいと思います。

医療保険にこそ入る必要がある？

同性愛者の場合、死亡保険金のための生命保険に入るニーズが乏しいとしたら、自分が発

LP研で、親を生命保険の受取人にしている人の意見がありました。自分が親よりも先に亡くなる場合の「親不孝料」「片付け料」だそうです。親が亡くなった時点で解約すると言っていました。

病や入院したときのための医療保険はどうなのでしょうか。これこそ入るニーズのある保険でしょうか。

これについても、ある生命保険のプロは、「医療保険には入るな」と説きます。

3章ですでにご説明したとおり、私たちは国民皆保険、すなわち会社の組合健保や協会けんぽ、フリーの人は国民健康保険という具合に、なんらかの公的な健康保険に入っているし、入っていないといけません。健康保険は医療費の自己負担が3割ですむうえに、ひと月の負担額が通常の収入のかたの場合、上限は8万円強ですみ、それ以上負担したものは還付されるという高額療養費の制度があります。入院し手術して、食費など健康保険の適用がない本人負担の分を加えても実質、月10万円ぐらいで医療費はすむわけです。

医療保険の広告などを見ると、入院特約として1日5000円とか1万円、30日まで保障、などと書いてあります。そう聞くと、あ、すごいな、入るべきかな、と思うけれど、30日入院しても、給付は要するに15万円とか30万円です。最近は1日目からというものもあるようですが、入院給付は基本、5日目からです。さらに昨今は入院日数が政策的にも短縮傾向にあります。医療の進歩で、ちょっとした内視鏡手術なら3日で帰してくれる時代です。こんな「入院保障」のために、毎月いくらの保険料をかけるというのでしょう。

また、入院や療養のため会社を休み、給与がカットされても、おなじく健康保険から傷病手当金として基本給の3分の2程度が出る制度があり、所得保障までついています。ことほどさように公的な健康保険は、そこいらの医療保険が裸足で逃げ出す「最強の医療保険」。保険のプロが「他の医療保険は費用対効果で全然割りにあわない。入る必要なし」というのも無理ありません。

高額療養費
→53ページ

傷病手当金
→54ページ

医療保険は、その診断がついた時点でまとまったお金が給付されるものがあります。ガン保険や三大疾病特約には、診断されたら100万円などまとまった額の給付があり、フリーランスや自営業の人は、生活保障や運転資金確保のうえでも検討に値するかもしれません。ただし、給付条件が意外に厳しいことはあまり知られていません。

ガンは診断だけで給付がありますが、「脳卒中では60日以上、言語障害等の神経学的後遺症がみられること」、「急性心筋梗塞では、初診日からその日を含めて60日以上、労働制限を必要とする状態が継続していること」など、なかなか厳しい。脳卒中がさいわい軽くて1か月で退院して後遺症も残らなかったので、結局そのかんの入院給付しかなかったという、喜んでいいのか悲しんでいいのか、そんな話はよくあります。ガン保険も、診断給付だけくださいと言いたいのですが、いまはいろいろな特約と抱きあわせのものしか見当たらないようです。

それでも、「ガンは日本人の2人に1人がかかるんでしょ、コマーシャルで言ってた」と不安を口にされるかたは、何歳代でどれぐらい発病があるのかもう少し仔細に検討し、それまでに貯蓄で対応できないかどうか考えてみるのもいいかもしれません。

こうしたこともふくめ、医療保険や医療特約は入るに値するものなのか。まず私たちは公的な健康保険という最強の医療保険に入っていることをふまえて検討したほうがいいのではないかと思うのです。本書では、病気へは保険ではなく貯金でそなえるほうが賢明、緊急医療に備えて100万円の貯金（予備費）はつねにもっておこう、そもそも病気はするな、と呼びかけています。

LP研での議論で、医療保険に入るメリットとして先進医療特約やいわゆる「名医紹介サービス」をあげる人もいます。それについて医師の参加者から、先進医療の実効性の実態や医療費以外にかかる費用の話（転院や滞在費やお礼まで）、先進医療が必要となる人の確率の問題などの紹介もありました。

100万円貯金
↓35ページ

老後の保障は保険で買えるか？

老後の貯蓄としての保険、という面はどうなのでしょう。

長生きのリスクが言われている現在、保険を使って老後に備えるという考え方もわかります。養老保険とか個人年金保険ということになるでしょうか。かつては保険のセールストークに、「貯金みたいなものですから」という言い方もよく使われていました。

しかし、現在のように運用利率が下がってしまった時代は、満期時の受け取り金額が払込保険料の総額を下回ることもあるようで、貯蓄としての魅力は少ないかもしれません。もちろん保険期間中に死亡するなどあれば満額の保険金が降りるわけですが、自分は亡くなっています。

保険に老後の貯蓄目的を託すまえに、これも健康保険と同じですが、わが国は国民皆年金です。厚生年金、国民年金等の公的年金に入らないといけない。自分がいまのまま納付を続けた場合、何歳から、いくら受給できるのか、老後資金としてはまずそのことを確認することが先ではないでしょうか。毎年、ご自分の誕生月に「ねんきん定期便」が送られてくるはずですから、それで確認ができます。ねんきん定期便に載っているのは、現在までの納付額に対する受給年金額です。実際にはこの先、60歳まで納付しつづけます。その場合の予想受給額も計算することができます。また、厚生年金のかたちで会社に厚生年金基金や確定拠出年金などいわゆる「3階部分」といわれる企業年金がある場合、その受給額はねんきん定期便には載っていないので、実際はさらに受給額が増えることになります。

こうした情報を集めたうえで、それで足りない分はどうするか検討するべきなのです。自

公的年金
→55ページ

企業年金
→60ページ

営業やフリーで国民年金の人は、国民年金の上積みを考えるなら、民間生保よりも国民年金基金を検討してはどうでしょう。何度かご紹介していますが、納付保険料が社会保険料控除として全額、所得控除の対象になり、トクです。

老後はいったいいくらあればいいのか？　不安を言えば切りがありませんが、1章で紹介したキャッシュフロー表の考え方が生きてくるところです。自営業やフリーの人で、国民年金も未納のままにしておいて、個人年金もなにもあったものではありません。保険会社の人は、「将来、年金制度もどうなるかわかりませんしねえ」と言いますが、保険会社だって将来どうなるかわかりません。本書は、保険会社の破綻リスクよりも、国家の破綻リスクのほうがまだ小さいと見る立場です。

ただ、「お宝保険」という言葉を聞いたことがあるかもしれません。ある時期までの利率の高かったものをいわゆるお宝保険と称して、見直しのさいも、これは継続することが勧められます。逆に言うと、保険会社がさかんに契約の見直し――保険の下取りとか転換と称して、それまでの保険を新しいものに組み直させようとするのは、この利率の高かった時期の保険をなんとか解約させて、いまの低利率のものへ転換させたいということのようです。お宝保険とは、1993年3月までに契約した終身保険や養老保険、個人年金保険や学資保険など、積立部分のあるものを言い、現在の利率が1・5％程度に対して、一時は5・5％もあったこともありました。いかにお宝かがわかります。

ということで、最後にまとめを。

＊配偶者や子どもの扶養を考える必要がない同性愛者は、生命保険に入るニーズの有無

国民年金基金
→60ページ

から検討すべし。

＊公的な健康保険があれば、医療保険に入るニーズは低い。保険で備えるより、当座の医療費と3か月の家賃・生活費に充てるために100万円の貯金は持っておこう。安心料に、安い掛捨ての共済（全労済や都民共済など）は考慮してもよいかも。

＊老後資金は、自分の公的年金の受給状況を確認することが第一。保険商品に老後の貯蓄機能を期待することは難しい。多角的な老後資金対策を。

いかがでしょうか。保険ひとつとってもノンケ一般のライフプランニングとは、ずいぶん違うことがおわかりいただけると思います。

7章 同性愛者が病気をするとき

病気がつきつける同性愛者が置かれた現実

気になるアレコレとのつきあい方、最後は「病気」です。倒れたとき、だれが発見してくれ、どう連絡が回るのか？ 入院時、だれが世話をしてくれるのか？ 万一はいつも突然やってきます。ちょっと勇気を出して、ご一緒に考えてみませんか。

人間のかかる病気は四百四病《しひゃくしびょう》あるそうですが、まずは日本人の三大死因といわれるがん、脳血管疾患、心疾患について。

がんはさまざまな要因があげられますが、タバコや食習慣（飲酒、塩分、運動不足、肥満）は、やはり日ごろから留意したいものです。

脳血管疾患は、クモ膜下出血や脳出血、脳梗塞のことで、一命をとりとめても麻痺が残るなど、男性高齢者の介護要因の1位にあげられる病気です。片方の手足がしびれる、足がもつれる、手足に力が入らない、ろれつが回らない、言葉がとっさに出てこない、他人の言うこ

四百四病
仏教語。人間がかかる一切の病気。人間のからだは地・水・火・風の四大《しだい》が調和してできており、その調和が破れると四大のそれぞれに百一病が起こり、合わせて四百四病と数えるもの（だそうです）。

とがわからない、ものが見えにくい、といった症状が一つでもあれば脳梗塞が疑われます。こんな症状に気づいたときは、様子を見ようなどとは考えず、ただちに病院に駆けつけることが大切です。要因には、肥満、運動不足、喫煙、飲酒などがあげられます。

心疾患には狭心症や心筋梗塞があり、発病時は心臓を引き裂かれるような痛みだといいます。要因として喫煙、高脂血症、糖尿病、高血圧、ストレス、肥満、家族歴があげられ、加齢（男性45歳以上、女性65歳以上）によっても発病率が高まります。

これらの病気については、ウェブ上にもさまざまな情報サイトがあったり、政策的にも早期発見のキャンペーンがされています。情報収集のほか、加齢のなかで節制に努め、定期的な人間ドックなどで早期発見したいものです。

若い人はまだ病気で亡くなることは少なく、かわりに20代の死因割合の第一位にあがるのが「自殺」（自殺の絶対数では50代が最多）。うつなどメンタルの問題とも関係するのでしょうか。30代までは「不慮の事故」で亡くなる割合も高いです。

ゲイコミュニティでは、うつ、依存症（薬物、アルコール、セックス）、ＳＴＤ（性感染症。ＨＩＶを含む）に悩む人が少なくありません。同性愛者がおかれている社会的情況との関係が指摘されてもいます。こうした病が死（自殺、病死）につながることもあります。

病気はだれでも避けて通ることのできないものですが、病気をめぐって同性愛者のライフスタイル上、考えなければならない「所与の条件」として、つぎのようなことが上げられます。

・一人で住んでいる、あるいは法的な家族以外の人と住んでいる
・なにかあったときに任せたいのは、「配偶者」「親族」とは認められていない同性パート

脳卒中
脳血管疾患のうち急激に発症したものを脳卒中と呼びます。こちらのほうが耳なじみかもしれません。脳卒中をテーマとした啓発ウェブサイトも多数あります。

ナーや友人
・肉親と疎遠だったりこじれていたりする
・すでに持病をもっていたりする（HIV、うつなど）
こういう条件のもとで、病気をめぐって私たちに起こることと、その対応についてできることを考えてみました。

発病時、だれに連絡が行くのか

発病したときは、迅速に医療につながることが肝心です。脳梗塞や心筋梗塞の発作について日ごろから知識をもっておき、なにかのときはためらわず救急車を呼びます。救急車を呼んでいいのかどうか迷うなら、相談してみるのも一法です。東京消防庁救急相談センターでは、電話「#7119」で相談を受け付けています（24時間、無休）。

こうしたときは、一人暮らしの人はとくに勇気を奮って行動することが大事です。人間ドックなどの傾向から主治医に気をつけるよう言われているなら、なおさらです。脳梗塞の発作が来ているのに、つい「もう少し様子を見てみよう」「明日になったら医者に行ってみよう」とためらい、それが命取りになることもあります。その点、2人暮らしだと、もう一人が心配して行動を促してくれる場合もあります。

発病は、いつ、どこで始まるかわかりません。そのとき意識がなくなる場合もあります。自宅で、パートナーのいる前で発病できるとはかぎらないわけです。

意識があれば、自分で救急を呼んだりして医療につながったあとは、医療者から連絡先を

救急相談センター

急な病気やケガをした場合に、「救急車を呼んだほうがいいのか？」「いますぐ病院に行ったほうがいいのか？」など迷ったさいの相談窓口として、「東京消防庁救急相談センター」が開設されています。相談医療チーム（医師、看護師、救急隊経験者等の職員）が、
・症状に基づく緊急性の有無のアドバイス
・受診の必要性に関するアドバイス
・医療機関案内
に対応しています。
他の都道府県からも電話はかけられ、救急車の要不要などのアドバイスはもらえますが、病院の案内は東京都内のものにかぎります。

尋ねられるでしょう。そのとき誰の名前をあげるのか。あなたは頭のなかに、そのリストがありますか？　その相手とは、万一のときに連絡がいくのでよろしく頼みます、との了解が成り立っていますか？　そうした相手をまず３人、つくるよう努めましょう。

発病時にすでに意識がない場合もあります。路上で脳疾患を起こして倒れ、通行人の協力で意識のないまま救急搬送されることだってあります。そのとき連絡してほしい人の連絡先を、どうやって医療者に伝えるか。日ごろから**緊急連絡先カード**を財布のなかに携帯しておくなどの方法が有効です。カードは、意識があっても口述できないようなとき（発病中ですから）にも便利です。

会社など勤務先で発病した場合、会社に緊急連絡先として申告してある人へ連絡がとられるでしょうが、そのリストは現在の自分の希望や情況と合致していますか？　入社時に提出したままになってはいませんか？　遠方の家族以外に、近隣の信頼できる友人（パートナーを含む）を加えておいたほうがよくありませんか？　定期的に見直してみましょう。

発病時の留意点として、なにか持病をもっている人は、医療者にそれを伝えるかどうかは重要かもしれません。ＨＩＶ陽性であるとか、透析をしているとか、なにか定期的な服薬をしているとかの情報です。ちゃんとした医療者や救急隊ならユニバーサルプリコーション、つまり患者がなにかしらの病原体をもっていることを前提として、どんな病原体をもっていても安全に対応することに努めています。ＨＩＶ陽性を理由に受診拒否があるようでは、いまどきオオゴトになります。逆に私たちの側としては自分の医療情報を伝えたほうが、より適切な処置をしてもらえるメリットもあるわけです。

緊急連絡先カードには、はじめから主治医のいる病院へ送ってもらうとか、服薬情報を勘

緊急相談センター
携帯、PHS、プッシュ回線
＃７１１９
ダイヤル回線
23区：03-3212-2323
多摩地区：042-521-2323

緊急連絡先カード

とくに決まった書式があるわけではありません。名刺大のカードを自分でデザインしてみてはどうでしょう？　いちばんかんたんなものでは、名刺の裏面に連絡をとってほしい人の名前と電話番号、趣旨（私の緊急時にはつぎの人に連絡をしてください、など）を書いておき、財布など発見されやすいところに入れておくのも一法です。

また、同居人や緊急連絡先の

案して処置を決めてもらえるよう、連絡先とともに自分の医療情報や希望を書き加えることも検討してみてはどうでしょうか。

突然の発病と同様に考えておくべきは、事故に遭ったとき。外出先での交通事故から、ニュースで報道されるような大事故に巻き込まれることまで、なにがあるかわかりません。

これも突然の発病と同様、だれに連絡をとってほしいのか、緊急連絡先カードなどで連絡先を明示しておくことが大事です。救助した救急隊が携帯履歴をたどって電話をかけてきたものの、「家族でない」ばかりに個人情報保護法の壁に阻まれて事故者の情報を受け取れなかったパートナーの事例などがあります。また、大事故に巻き込まれた模様で、病院等にゲイのパートナーが照会をしたものの、やはり個人情報保護法により家族以外ということで回答を拒まれたケースも、福知山線事故のときにあったと聞きます。緊急連絡先カードを携帯することは、必要な人に情報がいくようにするとともに、そこに名前を書いてもらった人からすれば、自分への連絡を呼び込む方法でもあるのです。パートナーなどは、ぜひ相手にカードを携帯してもらうようにしましょう。

「家族」以外の人が医療説明に同席できるか

親族以外の法的関係にない人、すなわちパートナーだったり信頼する友人に、救急車に同乗したり病院に付き添ってもらったり、医療説明に立ち会ってもらえるか？　これには多くの「できなかった」「相方に付き添って病院へ行ったのに、ナースに（家族じゃないということで）ずっと放っておかれた」などの声が寄せられています。医療者の側も、個人情報の保護や守

人からそのあとどのように情報を回すのかについて打ち合わせておく必要はありませんか？　同性愛者のカップルの場合、つきあったり同居していたりしても、おたがいの実家の連絡先を知らないことがままあります。せめて同居を開始するときには、おたがいの実家の連絡先を伝えあうことはしたいものです。

災害時と個人情報

ちなみに個人情報保護法は、第三者への個人情報の提供には本人の同意を必要とする原則に対して、本人の同意を得ないでも問い合わせ者に情報を提供できる例外的な場合として、「人の生命、身体又は財産の保護のために必要がある場合であって、本人の同意を得ることが困難であるとき（23条の2）」を規定しています。これが具体的にはどういう情況を指すのかについて、厚生労働省のガイドラインに

秘義務という建て前から、「家族でない人」への患者情報の開示にとても慎重です。

これについて厚生労働省から、「医療・介護関係事業者における個人情報の適切な取扱いのためのガイドライン」（２００４年）という通達が出されています。それによると、

> 本人以外の者に病状説明を行う場合は、本人に対し、あらかじめ病状説明を行う家族等の対象者を確認し、同意を得ることが望ましい。この際、本人から申出がある場合には、治療の実施等に支障の生じない範囲において、現実に患者（利用者）の世話をしている親族及びこれに準ずる者を説明を行う対象に加えたり、家族の特定の人を限定するなどの取扱いとすることができる。（傍点、永易。以下、同じ）

とあります。法的な家族でないとしても、現実に患者の世話をしている親族「に準ずる者」として説明を行なう対象に加えてもらうよう、本人が医療者へ交渉する余地はあります。なにごとも自己決定のご時世ですから、本人が「この人に同席してほしい」と言うなら、医療者がそれを拒む理由はないわけです。

意識のないときの意思表示をどうするか

しかし、発病時は本人は七転八倒の苦しみ、場合によっては意識がないことだってあります。この場合は、同席を希望するパートナーなどが医療者と交渉をしないといけないわけですが、本人の意思が確かめられないということで拒まれる可能性は高いかもしれません。

は、

・**大規模災害等で医療機関に非常に多数の傷病者が一時に搬送され、家族等からの問い合わせに迅速に対応するためには、本人の同意を得るための作業を行うことが著しく不合理である場合**

も例示されています。とはいえ、混乱中の現場では肉親以外への対応は一律拒否、そんな感じでしょう。四の五の言うまえに、緊急連絡先カードで自衛するほうが早いと思われます。

そうした説明の同席の可否を含め、医療の場でだれに本人の意思表示を代理してもらうのか、医療代理人の問題がだんだん切実になってきています。従来なら「家族の判断」ということで通っていたものが、昨今の家族の多様化や自己決定尊重の流れから、患者本人の意思確認をどう担保するかが問われるようになってきたのです。

こうした問題が鋭く問われるのは、やはり終末期医療の現場でしょうか。医療技術の発達でいつまでも生かし続けられるなかで、いつ、だれの、どういう判断で「線引き」をするのか。シビアな問いにだれもが向きあう可能性が出てきています。

それについて厚生労働省は、「終末期医療に関するガイドライン」(2007年)を定めています。少し長い引用ですが、それによると、

> 1　患者の意思が確認できる場合には、インフォームド・コンセントに基づく……。患者が拒まない限り、決定内容を家族等に知らせる。
>
> 2　患者の意思の確認が不可能な状況下にあっても「患者自身の事前の意思表示書(以下、「意思表示書」という。)」がある場合には、家族等に意思表示書がなお有効なことを確認してから医療・ケアチームが判断する。
>
> また、意思表示書はないが、家族等の話などから患者の意思が推定できる場合には、原則としてその推定意思を尊重した治療方針をとることとする。なお、その場合にも家族等の承諾を得る。
>
> 患者の意思が推定できない場合には、原則として家族等の判断を参考にして、患者にとって最善の治療針をとることとする。

家族等との連絡が取れない場合、または家族等が判断を示さない場合、家族等の中で意見がまとまらない場合などに際しては、医療・ケアチームで判断し、原則として家族等の了承を得ることとする。

上記のいずれの場合でも家族等による確認、承諾、了承は文書によらなければならない。

意思表示書というものがキーワードとして浮かび上がります。このガイドラインの注で「患者自身の事前の意思表示書とは、患者があらかじめ自身の終末期医療に関して指示している書面のことをいう」としています。また、たびたび出てくる家族という言葉については、やはり注で、「家族等とは、法的な意味での親族だけでなく、患者が信頼を寄せている人を含む。なお、終末期を想定して患者にあらかじめ代理人を指定してもらっておくことが望ましい」ともあり、法的家族に限らない人も含めるとともに、政策は医療代理人を指定することを奨励しています。

こうした政策的背景をもとに、私たちのライフプランに役立つ意思表示書として考えてみたのが、次ページに示した文案です。ここに盛り込んだ内容は、

・自分を看護してもらったり医療者の説明に同席してもらう権限をこの人に与える。
・自分の判断能力がない場合に、この人にインフォームドコンセントをして治療を決定してもらいたい。
・もし自分が終末期に至った場合の医療や延命措置については、こうしてほしい。延命措置の停止の決定などは、この人に任せる。

看護や説明同席の要望はともかく、治療や終末期医療、延命措置の停止（いわゆる尊厳死）などの決定権は、法律論的には他人が替わることのできない**一身専属**の権利とされ、法律上の代理や委任の概念になじまないものかもしれません。本人の意思が確かめられない場合は、医療者がどこまでも「治療」をし続け、身体にかなりの無理を強いた結果ようやく死を迎えることになったり、逆に治療を停止した場合、医療者が「殺人罪」に問われて告発を受けたりしたことがあります。

それで次ページの文案では、私が判断を委ねたい人の意向を関係者は最大限、尊重してください、と記すことにしました。

医療における私の意思表示書

私の医療についての意思を、ここに書面を用いて表明します。

この書面は、私の精神が正常な状態にあるときに、共同生活者○○○○との了解のうえで書いたものです。

○○○○ならびに私の親族、関係者一同は、この書面に表明した私の意思を忠実に果たしてくださるよう希望するとともに、その結果の一切の責任は私自身にあることを付記いたします。

記

1　私を看護し、医師の医療説明に同席する権限を、○○○○に与えます。

2　私が正常な判断を行なえない場合の医療の決定権については、○○○○にインフォームドコンセントを行ない、その判断を最大限、尊重してください。

3　私の傷病が、現在の医学では不治の状態であり、すでに死期が迫っていると診断された場合には、いたずらに死期を引き延ばすための延命措置はしないでください。

4　ただしこの場合、私の苦痛を和らげるための、たとえば麻薬などの適切な使用による緩和医療は最大限に実施してください。その副作用のため死ぬ時期が早まったとしてもかまいません。

5　私が数か月以上にわたって、回復不能な遷延性意識障害（持続的植物状態）に陥ったときは、生命維持措置をとりやめてください。

6　生命維持措置のとりやめに判断が必要な場合の最終的な決定については、○○○○の判断を最大限、尊重してください。

年　　月　　日

自署　捺印

＊本状の写し（割り印を付す）を作り、これを○○○○に交付します。

相手の名前のまえに「共同生活者」とか「パートナー」と加えてハッキリさせるのもよいでしょう。

なお、この意思表示書は、本書がいわゆる尊厳死を推進しているものではありません。あくまでそうした希望がある人が、どのようにして意思表示するかの文例を提案したものです。

などです。これを全文手書きして署名・捺印するか、同趣旨の内容を弁護士や書士、あるいは公証人に作成してもらい、本人の自発的意思にもとづく書面であることを担保したうえで、万一の場合には委任をされた人から医療者に示してもらいます。

なお、委任をされる人が親族ではない場合、作成にあたってはあらかじめ自分の親族にも説明や了解をとりつけておくことも必要だと思われます。

入院時の世話を頼める助け合いネットワーク

ところで、一人暮らしの人が入院することになった場合、療養中の世話や自宅の管理等について頼める人はいるでしょうか？　必要品の搬入や購入、諸方への連絡、お金の引き出し、自宅の管理（風通しなど）や家賃振込、そしてペットの世話……。緊急連絡先とともに、こうしたときの助け合いネットワークを整備していくことは、家族をもたずに生活している同性愛者には切実な課題です。

なお、入院中についての身元引受人や手術の同意書についても、心配の声が多くありました。こうした場合の身元引受は、親族にかぎらず、同性パートナーや信頼する友人でも可能です。手術の（本人以外の人の）同意書も、親族以外の同意でも可能です。同意の有無は医療過誤への追及権放棄ではありません。

「はち合わせ」問題

書面を作ることは私たちにとって有効な対抗手段ですが、現実の親族との関係を断ち切ることがむずかしい現状では、パートナーと駆けつけた親族とが病室等で「はち合わせ」し、せっかく書面に意思表示していてもそのとおりに実行されなかったり、パートナーが困難な立場に追い込まれる可能性もあります。どうのか、親族の了解をとりつけておくのか、やはり事前の準備は必要です。

同様の問題は、遺言や養子縁組を実行する場合についても、「知らなかった」「聞いてない」というかたちで起こりえます。

自宅で突然死したときのこと

病気とのつきあいの最後に、一人暮らしの人が自宅で突然死したとき、だれが発見してくれるかについて考えてみます。

会社など毎日出かけていく先がある人や自営でお店をやっているなどの人は、無断欠勤が続けば同僚や従業員が心配して連絡をとり、場合によっては自宅へ見に来るということもあるでしょう。比較的早く異変が発見され、辛《から》くも一命をとりとめることがないとも限りません。

もっともその場合でも、「**カギ問題**」があります。訪ねてきたはいいが、オートロックでマンションに入れない、部屋前まで行ったが内カギで入れない、などです。管理人への連絡の仕方とか、従業員へなら合カギを預けるなど、万一のための対策が必要でしょう。

さらに、フリーランスで働いている人、勤め先があっても休職中の人、そしてリタイア後の人などは、なかなか異変に気づいてもらえない場合も多いでしょう。高齢者の一人住まいについては、行政も地域で見守りサービス・訪問サービスなどを実施したり、介護サービスを利用していれば発見も早いのですが、高齢期以前の世代はそうした政策の谷間に隠れて、行政サービスからも取りこぼされているのが現状です。そして、中年期のいわゆる孤独死は、けっして少なくはありません。

本当にこうしたときはどうしたらいいのか。本書もこれといった妙案を持ちあわせているわけではありません。同居はしていないがパートナーがいるからといっても、長いカップルで週末しか連絡をとらないという場合もありえます。何度か出てきたように、日ごろからの

私は本書の何か所かで、助け合いのご近所ネットワークをつくろう、それは3人でいい、と述べています。

携帯電話にずらりとならぶニックネームしか知らない人の電話番号やアドレス――万一

助け合いネットワークをもち（3人サークルでいいと思います）、SNSのログイン履歴やツイッターなどで毎朝、挨拶をつぶやきあうなどで安否確認する。ときどきだれかの家で持ち寄りご飯会などをしておたがいの情報交換をしておく。そして万一の場合に備えて、合カギを持ちあったり保管場所を教えておく……そうしたことも必要かもしれません。新聞や牛乳の宅配を取っている人は、新聞や牛乳がたまっているときはなにか対応があるのか、販売店に聞いてみるのも一法かもしれません。

のときそれがどこまで役に立つのか。ご近所ネットの人とは、たがいの本名や職場、実家の情報もきちんと開示しあい、場合によってはカギを預けあうなどのつきあいが必要でしょう。

たがいのプライバシーを聞かないという「ゲイの掟」が、そのとき揺さぶられています。

助け合いネットは、ゲイどうしでなくても、性別・セクシュアリティ不問でもかまいません。

【余談】携帯電話が普及するまえは、家庭に一台の固定電話の時代で、電話番号を教えるということは本名（名字）を教えるということでした。ゲイのつきあいも、90年代までは文通欄を含めて本名でのつきあいが多かったと回想する古いゲイ（私含む）もいます。

パート3

中年期の難関は「老親」問題

8章 どうする？親の介護

介護の始まる2つのパターン

同性愛者のライフプランニング、40歳からの大きな課題は「親の介護」ではないでしょうか。親のみんながみんな、介護が必要になるわけではありませんが、もし介護が必要になったときあわてないですむように、この章でいろいろ整理してみましょう。もちろん、年上のパートナーをもつ人にも、役立つと思います（笑）。

どうやって介護が必要な状態になるのか？　介護が始まる2つのパターンと4つの介護要因をご紹介しましょう。

介護には、「突然やってくる型」と「だんだん始まる型」とがあります。

突然やってくる型の要因の一つは、脳血管疾患（脳卒中）。男性が要介護状態になる最大要因で、介護を受けている男性のじつに4割は、脳血管疾患をきっかけとしています（平成13年の国民生活基礎調査。女性の脳血管疾患も2割）。脳の血管が詰まる「脳梗塞」、脳の血管が破れる「脳出

脳卒中
脳血管疾患のうち急激に発症したものを脳卒中と呼びます。

血」などがあり、一命をとりとめても意識障害や手足のしびれ・まひ、言語障害などが残ることがあります。発病には高血圧、高脂血症、糖尿病などが原因とされ、中年時代からの生活習慣などが関係あるといわれます。

一方、女性の要因の代表は、骨粗鬆症。加齢にともない女性ホルモン「エストロゲン」が減少し、骨がもろくなり、転倒・骨折のさいの影響を大きくして、そのまま要介護状態にいたることがあります。この骨粗鬆症にかぎらず、高齢者の転倒・骨折は要注意です。

だんだん始まる型の代表選手は、やはり認知症。脳の神経細胞が消失する脳の病気です。脳の神経細胞が急激に減り、脳が萎縮して、知能低下や人格の崩壊が生じる「アルツハイマー型痴呆」や、脳硬塞や脳出血などによって脳の神経細胞に酸素や栄養が行き届かなくなって障害が起こる「脳血管性痴呆」などがあります。加齢のなかである程度しかたがない面もありますが、薬で症状が改善するものもあり、早期発見・早期治療が呼びかけられています。

高齢者のうつも、介護開始の要因にあげられます。高齢にともなう居場所の喪失や配偶者等との死別などで「喪失」「孤独」を深く感じ、活動の積極性を失い、身体機能を低下させてそのまま要介護状態にいたる場合があります。

介護保険の利用の仕組み

平均寿命の伸長や医療の発達で、高齢期を長く楽しむ人びとが増えるとともに、介護を必要とする人も増えてきました。介護の負担を社会的に担うために２０００年から導入されたのが、介護保険の制度です。

介護保険には、40歳以上が加入します。保険料は健康保険（会社の健康保険や国民健康保険）に上乗せして納付します。私も40歳の誕生月の翌月から国保の納付額が増えているのに驚き、ああ、これが介護保険料か、と気がついた思い出があります。介護保険料は生涯、納付することになっており、年金受給者（65歳以上）も年金から天引きされます。

介護保険はなにをするための保険でしょうか。健康保険を使うと医療費の自己負担が3割ですみ、7割を健康保険が負担してくれます。介護保険も同様に、介護サービスを利用したときの自己負担が1割ですみ、残り9割を介護保険が負担してくれるというものです。

ただし、利用は原則65歳からとなります（40歳以上でも、若年性アルツハイマーなど特定疾病の場合は利用可）。また、無制限に利用できるわけではなく、その人に認定された要介護度ごとに利用できる上限額が決められています。上限額を超えて介護サービスを利用する場合は、全額、自己負担になります。

介護保険利用の流れを見てみましょう。

介護が必要な状態になり、介護保険を使って介護サービスを受けるためには、まず要介護認定の申請をします。介護を必要とする人の住所地の市区町村役場の窓口や地域ごとに設けられている**地域包括支援センター**で相談します。

申請をすると市区町村から調査員が来訪し、厚生労働省が定める基準で状態の調査が行なわれます。あわせてかかりつけ医など主治医の意見書を提出します。

この調査や意見書をもとに、介護認定審査会にかけられ、要介護度の決定が行なわれます。軽いほうから要介護1～5、さらに要介護の前段階として要支援1～2があります。

要介護度は、家族が思うほどには認定が出ないとよく言われます。行政が出した要介護度

地域包括支援センター
地域住民の保健・福祉・医療の向上、虐待防止、介護予防マネジメントなどを総合的に行なう機関で、保健師、主任ケアマネジャー、社会福祉士がいます。専門性を生かして相互連携しながら業務にあたっています。また、介護保険の資料や役立つパンフレットがもらえます。私が在住する中野区の場合、地域ごとに8か所置かれています

の決定に対して不服申立てをし、再認定を求めることはできます。また、いったん決まった要介護度でも、介護のなかで状態が上がれば、あらためて認定を求めることもできます。

こうして要介護度が決まると、それにともなって利用できる介護保険の上限額も決まりますから、その範囲内で介護サービスの利用計画、すなわちケアプランを作成することになります。ケアプランを作成するのはケアマネージャー、いわゆるケアマネさん。つまり、この時点でどのケアマネさんなりどの介護事業者にお世話になるか、決めないといけないわけです。

はじめてのときは、やはり迷うかもしれません。役所としては立場上、どこのケアマネがいい、介護事業者がいい、とはいえません。地域の事業者一覧の冊子などを渡されて、「どう

要介護度表

要支援 1
身の回りの世話などに一部介助が必要ですが、日常生活は自分でできる状態です。
今後介護が必要にならないように、予防をするために少し支援する必要があります。

要支援 2
食事など殆どの日常生活を自分で行えますが、入浴など一部に介助が必要な状態です。
要介護にならないように、予防サービスなどを使って状態の改善に努める必要があります。

要介護度 1
立ち上がりや移動が不安定なので支えが必要な状態です。
入浴や排泄などの日常生活の一部にも介助が必要です。

要介護度 2
立ち上がりや移動が困難です。
入浴や排泄などの日常生活の一部または全部に介助が必要です。

要介護度 3
立ち上がりや移動が一人ではできず、入浴や排泄などの日常生活に介助が必要な状態です。
また認知症に伴う問題行動が見られます。

要介護度 4
日常生活全般が介助がなしでは困難な状態です。食事にも一部介助が必要です。
また認知症に伴う問題行動が一層増えた状態です。

要介護度 5
日常生活全般が介助がなしでは不可能な状態です。
ほぼ寝たきりの状態です。

ぞご自由に」というわけです。親戚・知人からの情報を参考にしたり、自宅に近い所を選んだり、そういう感じでしょうか。いったんお願いしたからといっても、変えることは自由です。病院から老人ホームまで一体型で運営している大きな事業者にお願いする場合もあれば、小人数で運営しているケアマネ事務所にお願いして、ケアマネさんが地域に張り巡らしたネットワークでさまざまな介護サービスをアレンジしてもらう場合もあります。大もよし、小もまたよし、です。

こうしてケアプランにもとづいて介護サービスの利用が始まると、その利用料の1割を自己負担します。限度額を超えて利用したい場合は、全額自己負担になります。ケアプランは毎月作ってもらい、途中で不都合が出た場合は作り直してもらってもかまいません。ケアプランの作成料は無料です。

どんな介護サービスがあるのか

介護保険を使って、どのような介護サービスを利用できるのでしょう。

介護は、大きく**在宅介護**と**施設介護**に分かれます。

自宅等で生活をつづけながら介護を受ける在宅介護の場合、つぎのようなサービスが利用できます。

訪問サービス　訪問介護、訪問入浴、訪問看護、訪問リハビリなど。ヘルパーさんが来てお掃除や洗濯、食事作りをしてくれたり、お風呂カーが回ってきてお風呂に入れてくれたり、ナースや作業療法士の人が来て医療やリハビリが受けられるものです。

通所サービス　デイサービスなど。介護施設へ出かけて（送迎バスがあったりします）、リハビリや入浴、レクリエーションなどをします。

短期入所サービス　ショートステイなど。介護施設に数日宿泊するものです。本人は集中的にリハビリや栄養改善を図ったり、家族はそのかん介護から解放されて休養ができたりします。

これらが基本ですが、介護保険を使って、さまざまな福祉用具がレンタルできたり、住宅の改造（スロープ・手すりの設置や風呂場・トイレ等の改造など）に補助が受けられたりします。使える介護サービスにもさまざまな見直しや新設があり、２０１２年度からは、連絡があればすぐ駆けつけてくれる「**定期巡回・随時対応サービス**」が導入され、いっそう高齢者が住み慣れた地で暮らし続ける体制を目指しています。

一方、施設介護としては、つぎの三つの施設名を覚えておいてください。

特別養護老人ホーム（特養）　常時入所で介護を受ける施設です。寝たきり（常時車いす）や重度認知症の人の利用が想定されています。入所の希望者が多く、都会など現在の居住地からお見舞いに行きやすい場所の施設は、順番待ちがものすごいと言われます。要介護度も3、4以上などかなり重度でないと入所は難しい現状です。

老人保健施設（老健）　脳梗塞などで病院へ入院し、急性期が終わって状態が落ち着いたが、自宅へ帰るまえにリハビリなどのために入所する施設。滞在は3か月をめどとしています。しかし3か月ではなかなかリハビリが完了しないとか、帰宅しようにも在宅介護が困難で、同種の施設を転々としながら行き場を失っている人の問題が指摘されています。

介護療養型医療施設（老人病院）　チューブその他、常時、医療のサポートが必要な状態で、病院への入院に介護保険が適用されるものです。

右の3つを介護保険3施設と言います。

介護に使えるものとしては、これら介護保険で定められたもの以外にも、行政の高齢者対策としてさまざまなサービスが用意されています。市区町村の便覧や公報に載っていますし、ケアマネさんも教えてくれると思いますから、注意して情報を集め、どんどん利用することです。

施設介護では、介護保険3施設のほかに、認知症の人が集団生活を送るグループホームや、終末期を送るためのホスピス（宗教法人などが運営するものから、介護NPOなどによるグループホーム的なものまでいろいろ）、また有料老人ホームとかサービス付き高齢者向け賃貸住宅がさまざまな事業者の参入で発達し、利用料もかつてにくらべて随分、安価になっています。

同性愛者と親の介護、考えるべき問題

介護保険のしくみや、どのような介護サービスを組み合わせて介護を行なうのか、そのあらましが理解できたところで、「同性愛者と親の介護、考えるべき問題」をまとめてみました。

なお、親の介護をするゲイの実情は、ぜひこのあとの「コラム」でお読みくださいね。

0　配偶者介護のあいだは、介護者のサポートにつとめる

まず、両親の一方が介護を必要とする状態になったときは、配偶者が介護の中心になるの

さまざまな行政サービス

中野区の場合、
・住宅設備改修や日常生活用具給付
・ひとり暮らしの高齢者宅に見守りのためのセンサーを設置
・防災上必要なかたに、火災警報器、自動消火器、電磁調理器等を給付
・はり・灸・マッサージ
・銭湯の開放デーや銭湯での健康教室事業
・常時失禁状態にあるかたに紙おむつを配達
・GPSネットワーク網を活用し、徘徊時の高齢者の現在位置を検索
・緊急時、区内の特別養護老人ホームに一時的に宿泊（ショートステイ）　など

有料老人ホーム
→164ページ

サービス付き高齢者向け賃貸住宅
→166ページ

が日本の場合、一般的です。子としては、むしろ介護にあたる側の親をサポートすることに努めましょう。高齢の親どうしの「老老介護」は大変です。親には頑張りすぎないよう、介護サービスを上手に利用するよう、子としてもそれを望んでいることを伝えます。

1　情報は積極的に集める

介護制度についての相談先は、市区町村の役場窓口のほか、地域ごとに地域包括支援センターが設置されています。ここはまさに介護のよろず相談所。相談ごとはまずここへ。介護保険の申請も、ここから始められます。自分の住所地あるいは親の住所地を管轄する地域包括支援センターがどこにあるのか、チェックしておきましょう。

行政への相談は、行政は宣伝ベタで情報が出てこない、ことなかれ的な建前論に終始、「こういうサービスはありませんか?」「ありません」で終わらされる、といった弊《へい》がありました。役所内の異動で担当になっただけの人がこうした弊害を脱していない可能性はぬぐいきれませんが、一方、地域包括支援センターは運営がＮＰＯなどに事業委託されたり、社会福祉士などの専門家が恒常的に対応にあたり、基本的にこの人たちは「親切で、教えたがり」です(笑)。いろいろな情報を得られると思いますので、訪ねてソンはないセンターです。

親の情報収集も重要です。親の身体情況の変化は、介護の要不要を予測する重要な情報です。また、細かい段差の有無など親の家の居住環境も注意を要します。高齢者は畳のヘリ、ジュウタンの厚みなど、私たちがよもやと思うところにさえ足を引っかけて転倒します。ふだん離れて暮らしているなら、なおさら帰省時にはこうしたことにも注意しましょう。同居したり近所にいるなどして親と接触の多いきょうだいからの情報も大切かもしれません。あ

おたっしゃ21
親の身体情報を収集するうえで、東京都老人総合研究所が開発した「おたっしゃ21」チェックシートは便利です。21個の質問に答えてポイントを出すことで、介護予防のためのトレーニングに取りかかったほうがいいのかどうかのチェックができます。
「おたっしゃ21」でウェブを検索してください。

る介護の専門家は、「親の交遊マップ」や介護が必要になったときの親自身のビジョンを聞き出しておくことの重要性を指摘します。介護を受けるのは親本人で、子どもが右往左往してもしかたありません。親自身が自分の介護や老後のイメージを自己決定していくために、介護NPO等でも書き込み式のノートなどを作って提供しているところもあります。

介護にあたる自分自身についての情報は、どうですか？　介護のために、介護休業や介護休業給付などの制度が整えられています。自分がそれらを取ることができるのか、取るときにはどうすればいいのか。会社の総務、あるいは労働組合などへ相談してみましょう。いざというとき親の異変の連絡を受けとる体制や、親元へ最速で駆けつけるルートの確保は、大丈夫ですか？　ちょっと見直しておきましょう。

2　介護を自分で抱え込まない

離婚で単身になり、実家へ戻ってきた子が親の介護をする。ヘルパーさんなど外部の人は一切頼まず、当初は責任感から献身的に介護に当たる。しかし、そのうち親子ならではの軋轢《あつれき》が噴き出し、外との接触がないので行政の介護担当者らも様子がわからないまま、家のなかでは身体の動かない親を子が殴るなどの介護虐待へ至っていた。あるいはカプセル化した親子関係のなかで子もどうしていいかわからないまま介護ネグレクト状態となり、カップラーメン程度の食事しか与えられず、衰弱に至る……。そうした事例が、介護の現場では報告されています。単身で親の介護にあたる中高年の子ども（とくに息子）って、まさに私たち自身の明日の姿ではないでしょうか？

介護を自分で抱え込まない、これが鉄則です。家族を介護から解放し、社会で担う、これ

介護休業、介護休業給付
↓63ページ

こそが介護保険の目的でした。子としての自分ができることとヘルパーさんなど専門家にやってもらうこととを見きわめ、担当のケアマネさん・専門家との関係づくり、遠距離介護の場合の連絡システムづくりに努めましょう。地域での介護家族の会やきょうだい間でのシェアも重要。そして、親との葛藤を抱えやすい同性愛者ならではの思いも吐き出せる介護ゲイどうしのネットワークも、メル友、ＳＮＳ、バー、サークルなど多チャンネルで探してみましょう。

看護（医療）が、治ることを目指して行なわれる営みなのに対して、介護は、長い、「その日」へと向かう、不可逆なプロセスに寄り添うもの。他者を入れた風通しのよい介護と、本人が生きてよかったと思えるエンディングへの時間を、親のためにも自分のためにも作れるといいですね。

3　お金はなんとかなる

ところで気になる介護のためのお金です。介護費用は介護保険（1割負担）を使い、そのお金は親の年金の範囲内で収めることが可能でしょう。介護費用のために家を売るだの娘が苦界に身を沈めるだなどということはありません（笑）。

子としては、遠距離介護の場合の往復交通費等が必要になります。遠隔地の実家へ毎週、飛行機で往復するなどという事態がないわけではないです。

認知症などの場合、介護費用のために親自身の預貯金を使うなどについて、銀行や施設などの第三者への対抗はもとより、きょうだいどうしでの不信をなくすためにも、成年後見制度（次章参照）を利用して、財産の処分にあたる人が法的な立場を得ておくことも大切です。

親の財産処分については、その後に控えている遺産相続ともからんで、きょうだい間の争いを呼びやすい問題です。成年後見制度を使うことで、後見人としての立場を得るとともに、処分の内容についても公開する必要があり（家庭裁判所への報告義務あり）、他のきょうだいの不信を拭《ぬぐ》うことができるでしょう。

盆・正月や親戚の慶弔ごとには帰省して、親の状況を観察かたがた、「親と過ごせる残り時間」を噛み締めてみましょう。また、親との関係が悪い人も、親の「その日」に向けてをどうするか、考え始めてみてはいかがでしょうか。

親との関係が悪い

民法877条は「直系血族及び兄弟姉妹は、互いに扶養をする義務がある」とし、また現行制度上、離婚や離縁のように、実の親子の縁を切る方法はありません。故郷で一人暮らしする老親が要介護になった場合、たしかに子に介護義務があります。とはいえ、どうしても親の面倒を見たくないなど、現代家族の複雑さに鑑みて、行政と相談しながらなんらかの体制づくりをする場合もあることが、LP研の参加者からも紹介されていました。

【コラム】ゲイ版介護探しの旅1

認知症の母を抱えて

Hさん（取材時44歳、自営業）。認知症の母（取材時、要介護4）を在宅で介護。父は早くに亡くなり、その後はずっと母子暮らし。実姉とその娘たち（姪）が介護を手伝ってくれる。

●それは地獄でした

Hさんのお母さんに認知症の症状が現れたのは78歳の春でした。その症状は……。

「最初は、ものをどこにしまったかわからなくなる、探していたカギが冷蔵庫から出てくる、夕飯にキュウリの浅漬けが4皿出てくる。指摘しても、ただ笑って、ヘンだわねと言うばかり。車で旅行していて、いま自分がどこにいるかがわからない。あと、実際にいる人数より増えるみたいで、3人で旅行してても、『さっきまでいた人、帰っちゃったの?』と怒りはじめる」

これはおかしいと、心療内科を受診します。知り合いの看護師さんに、心療内科の受診をアドバイスされたそうです。

「先生に、脳に萎縮があるけれど老人なら普通ですと言われ、軽い睡眠剤をもらって小康状態が続いていたのですが、夏あたりから強い症状が出るようになりました。夜も大声をあげて人を探す。頼むから寝てくれと蒲団に押しつけると、腕をものすごい力で引っ掻く。気に入らないことがあると、棒をもって向かってくる。痴呆の初期のころはまだ正気な部分が残っていますから、自分がヘンになっていくことが自分でもわかる。その恐怖感でものすごく暴れるらしいんです。こちらもそれらの症状にどう対処すればよいかわからず、右往左往するばかり。地獄でした」

ついにその秋、べつの心療内科を受診し、その先生がケアマネージャーを紹介してくれて、具体的な介護が始まります。

「役所の相談窓口も行きましたが、役所は立場上、どこの介護事業所がいいとか言えません。一覧表を見せて、あなたが選んでくださいと言うばかりで、はじめてのときには困りました。心療内科の先生に紹介されたケアマネさんに教えてもらいながら介護保険も申請しましたが、最初におりた認定は、要介護の前段階の要支援。再申請して、それでも要介護1でした。身体がなまじ動くせいか、認定はとても厳しかったですね。これでは介護保険で利用できるサービスにも限りがあり、車で40分のところに住む姉や姪も加わって、家族介護がなりゆきで始まったというわけです」

認知症の肉親を抱える日々は、たいへんの一語につきるようです。

「ウチは、徘徊はないので助かっていますが、根本は子ども返りですから、自分が40歳になったり子どもになったり。一日の3分の1は、自分が生まれた実家にいるようです。ヘルパーさんなどと触れあって、いろいろ刺激しないと、どんどん自分の世界にはいっていって、妄想が出て、とくに夕方は激しいですね。俗に夕暮れ症候群と言うそうです。母は排泄《はいせつ》が難しくなって、便座に座るのが怖くて立った状態で用を足すんです。子どものとき、おマルが怖いのとおなじ。それで汚したものをどこかへ隠す。すると押し入れの奥からものすごい臭いがして、そこから汚れた下着が出てくる……。あと、お金への執着が募《つの》って、親戚や自分の兄弟に電話して、あのときの金はどうした、と怒鳴りたてたり号泣したり。家で仕事をしているので、仕事への差し支えも頻発しました」

現在、要介護度は4まであがり、デイサービスやショートステイを利用し、家にいるときはヘルパーさんに任せて、ほとんどプロの手による介護が行なえるようになって、Hさんにもやっと余裕が出てきたそうです。

●介護を自分で抱え込まない

でも、ここまで来るのに、マル3年の時間が必要でした。その途中には、いろいろな問題も発生。まずは、実母の介護をめぐる姉弟間の考えの違いでした。

「姉は母を他人の手に委ねることはとにかく反対。在宅で、僕が仕事を減らしてでも見るべきだ、と。それでは僕は生活できません。姉とはいまも平行線のままです。

今年の春、僕は自分の仕事のステップアップのためにも、どうしても家を空ける用事ができて、はじめてショートステイを使いました。姉や姪は、母を厄介払いするのかと大反対ですが、僕は押し切った。結果として、母は他人のなかで生活することで頭がハッキリしてきたし、僕が「花が咲いているね」といえば反応したり、いっしょに昔の歌を歌うようになったりしました。僕も余裕が出て、なにより母に優しくなれます。介護者が抱え込んでしまうのは、親子の双方にとってよくない。僕も今回、姉の反対を押し切ってみて、こうすれば両立できる、と自分の道が開けた思いなんです」

母をいつか施設へ預ける日が来ることも、Hさんは覚悟しています。

「まだ踏ん切りがつきませんが、いろいろ資料を集めています。いつかかならず施設を使わないといけないときは来ますから。特別養護老人ホームが希望ですが、まず不可能のようですね。うちの場合、介護をするのが僕一人じゃない、姉もいます。その段階で〈緊急を要しない〉ということで、ほかの人が優先されます」

施設をめぐっては、お姉さんと意見が対立したままです。しかし、いずれ認知症の人のグループホームなどの利用も考えたいとHさんは言います。

介護に要する費用は、どのようにしているのでしょうか。

「母は毎月、10日前後のショートステイ、在宅時にはヘルパーさんやデイサービスを利用しています。要介護4の自己負担額が約3万円。これだけでは足りないので、全額自己負担で6～8万円。介護保険に月10万円前後がかかります。母の国民年金をあてていますが、足りない部分は僕が負担しています。姉とは、経済負担については話したことはありません」

●ヘルプと言えることが大事

介護のなかで、心理的に辛かったことはいろいろあるでしょう。Hさんはこう語ります。

「はじめは、この状況から一日も早く抜け出したい、この人さえいなければ楽になるのにと思いましたし、そう思う自分にも嫌気がさします。それは母の死を願うことですから。一時は過食症みたいに食べ吐きをしたほどです。自分の親が人間らしさを失い、赤ん坊に戻っていくことを受け入れることにも、1年半はかかりました。頼むから治ってほしいと手当たりしだいに本を読みましたが、結局、絶対もとには戻らないとわかったときは、ショックでした」

そういう状況を支えてくれたのは、おなじ介護をしている友人たちでした。

「メールなどで、もうダメだと書くと、それをわかってレスをくれる。大学時代からの女性の友人は、僕とおなじタイミングで介護が始まって、ずいぶんいろいろ情報交換もしました。在宅介護を2年もやってきたのだから、施設に入れることを考えてくださいと言ってくれたのは、彼女でした。

あと、ケアマネさんや家にくるヘルパーさんなど、プロにもずいぶん教えてもらいました。

介護は終わりの見えない旅です。自分の愚痴を聞いてくれる人が複数いて、感情を溜め込まないこと。聞いてもらったら、かならずありがとうと感謝すること。一生懸命やっていると、かならず助けてくれる人が現れます。自分で抱え込まないで、ヘルプ・ミー！　と声をあげること。それにも勇気がいるんですけど」

Hさんは、これまでだれにもゲイだとカミングアウトすることのない人生でした。

「バーなどに行ったこともないし、ゲイの友人もいません。ゲイ雑誌を読むのが唯一のゲイ活動。なにをするにも息子の僕といっしょがよいという母の気持ちを尊重して暮らしてきて、母のせいで自分を抑えていたかどうかはわかりませんが、いまは自分にできる精一杯のことを母にしてあげられたとき、僕は本当に僕らしく、つぎの人生を歩み始められるような気がしているんです」

自分の仕事と両立させながらの介護の態勢をつくったHさんは、さわやかにそう語ってくれました。

さて、Hさんは自営業のかたでしたが、これがサラリーマンの場合はどうなのでしょうか。

【コラム】ゲイ版介護探しの旅2

地元で母が倒れた！

タカさん（取材時33歳、サラリーマン）。地元の母を遠距離で介護。母一人・子一人の家庭に育つ。タカさんは母が40歳のときのお子さんで、母は取材時73歳。

●脳梗塞で母が入院！

タカさんのお母さんが脳梗塞を最初に起こしたのは5年まえでした。その半年後にも、ふたたび脳梗塞を起こしますが、いずれも軽く、めだった後遺症も残らなかった。介護保険を申請しましたが、認定も要介護の前段階である要支援。

このころタカさんはまだお母さんと同居でしたが、3年まえから仕事の関係で関東へ転居。はじめて母子べつべつの暮らしが始まりました。

「そうなるとさすがに心配なんで、母にはたまにヘルパーさんを利用してもらい、僕も週1回は電話し、盆・暮れには帰省して様子を見ていたんです」

ところが、今年の2月、担当のケアマネージャーさんから連絡が入りました。「お母さんが脳梗塞を起こして入院しました!」。

さて、あなたならこういうとき、どうするでしょう。タカさんは幸いと言うかなんというか、この直前、仕事を退職して身体が空いた状態でした。着替えだけもって実家へ急行。タカさんの介護生活が始まります。

今回の発作を契機に、症状は格段に悪化。要介護度も要介護2へと上がりました。

足が不自由になったお母さんに、自宅はアパートの2階でした。

「それまではなんとか階段の昇り降りもできた母でしたが、もうそれは無理になった。部屋を探すしかありません。でも、介護が必要な一人暮しの老人ということで、ずいぶん苦労しました。3月から探し始めて、物件が決まったのは5月。つづいて手すりやスロープなどの改修。自分は親の環境を整えるためにいまここにいるんだなあ、と観念しましたね」

介護の始まりは、まえまえから予定が組んであるわけではありません。それは突然やってきます。

「もし仕事をしていたら、確実に仕事を辞めていたでしょう。でも、辞められない立場だったら……、かなり迷うんじゃないでしょうか」

●弱く、小さくなっていく母

いまお母さんは、朝はリハビリも兼ねて自分でトースト程度の食事の用意。乳母車を押してなんとか外出もできる。夜は栄養のバランスを考えて、おかずの宅配サービスを利用し、ご飯だけ炊いてもらう。後遺症を抱えながらも、日常生活が戻ってきました。

「そうなって自分はなにができるんだろうと考えると、支援はヘルパーさんがプロだし、食事の仕度もなんとか自力でできるし、入浴介助はお呼びじゃない。トイレも行ける。結局ヒヤヒヤしている自分しかいない。それで、あとはプロに任せてこちらへ帰ってきました。母の弟――叔父が、介護は子どもが見るべきという考えではなく、タカちゃんも早くかたつけて向こう（関東）戻りな、と言ってくれたのはありがたかったですね」

むしろ辛かったのは、老いていく母の姿を受け入れる心の葛藤だったといいます。

「母は『まえはもっとちゃんとできたのに、なんで……。情けない』とこぼすようになりました。母自身もかなりの絶望感・挫折感を感じているんです。ましてやプロといえども他人が自分の世話をしに家に来ることにも抵抗はあります。だからといって自分の身内を犠牲にすることにも申し訳なさを感じる。こんな気持ちの葛藤を上手く乗り越えるのが大変なんだと思います。

僕にとっていちばん辛いのは、今まで元気で凛としていた親が、弱く小さくなっていく姿を目の当たりにしなくてはいけない現実です。やはり親の老いる姿は、できれば見たくはないですよね。それでも向きあっていく必要があるからこそ、親も子も、お互いが共倒れを防ぐにはどうすればよいかをじっくり話しあうことも大切なのではないでしょうか」

いま、タカさんは自分の仕事探しと生活の立て直しに着手したところだといいます。

「実家には、役所が斡旋《あっせん》してくれた緊急通報システムをつけました。一人暮らしの老人が、なにかあったときボタンを押すと、電話回線で、救急車や、登録してある連絡先――僕やケアマネさん、地域の民生委員にすぐ連絡がいくんです」

●遠距離介護の秘けつは？

落ち着いてはきましたが、この半年近くのあいだ、タカさんの心のなかは疾風怒濤でした。

「母が入院中は、死ねばいいのに、と思いましたよ（笑）。最初はかわいそうなんです。年もいってる、入院生活も辛いだろう。でも、そんな母の姿を一週間でなんとか受け入れたら、こんどは自分の感情が出てくる。いまこの人が倒れさえしなければ、自分はつぎの就職先を探して、関東で落ち着いて暮らせたのに、って。でも、今度はそう思う自分に、親に対してなんてこと思ってんだろうと罪悪感を感じて自分を責めたり」

地元に帰ったタカさんには、同級生で何人かカムアウトして、事情を知ってくれている人がいました。そんな友人と飯を食って、愚痴をこぼしてみても……。

「僕は母が40歳のときの子なので、ほかの同級生の親はまだ倒れる時期じゃないんですよ。彼らが言うことは、やっぱりタカちゃんが面倒見るべきでは、とか。僕の気持ちがなかなか通じなくて」

タカさんの救いになったのは、地元のゲイバーのマスターたちやそこでの年上のお客さんたちとの会話でした。

「ずいぶんお世話になりましたよね（笑）。親の介護をしてるマスターもいましたし、具体的なアドバイスをいろいろしてくれたり。死ねばいいのに、って思うのはみんなそう。あなたは一人っ子でしんどいって言うけど、きょうだいがいたらお互いなすり付けあいで、当てになんかできないわよ、って。人によっては親御さんと確執があって義絶しているかたもいらっしゃって、親子関係っていろいろだなって思いました。でも、みんなが僕の気持ちをわかってくれたのが嬉しかったですよ。自分だけが歪んでるんじゃないんだな、って」

ケアマネさんやヘルパーさんなど、プロの人の話も参考になったといいます。

「関東へ戻ってきて、今度は僕が疲れを出して、しばらく寝込んで、1か月の静養を命じられちゃいました。けっこうハードな日々だったんですね」

とかく不安が高じがちな遠距離介護に、タカさんはこうアドバイスします。

「故郷に要介護2の母を一人残しているのは、そりゃ不安です。でも、たとえ僕が親元にいたとしても、昼間は僕だって仕事していて、つねにそばにいられるわけじゃない。なにかあったときに駆けつけるというのは、地元にいても関東にいてもおなじなんです。みんなにそれぞれ生活があります。どこかでそこは割り切る必要があります。そのために緊急通報システムをつけたわけだし。関東にいたって、新幹線に乗って3時間後には到着できるんですよ」

お母さまは、女性の平均寿命までまだまだあります。気を張らないで、長い旅をつづけていきましょう。

「母もさることながら、親の世代を見送ったら、今度はだれが僕らを介護してくれるんだろうって思いましたよ。もう結婚して、子どもつくる気はないですしね……」

最後にドキッとするようなことを言って、タカさんは私のまえを去ってゆきました。

9章 親との別れ、その前と後

法的な立場を得る成年後見制度

介護に続くプロセスは、親の看取り、葬儀、そして残された財産の処分（遺産相続）でしょう。本章では、これらについて整理してみます。

前章の介護の心得のなかで、介護に親の財産を使う場合、成年後見制度を使って財産の処分にあたる人が法的な後見人の立場を得ておくとともに、他のきょうだいからの不信を拭《ぬぐ》うことができることをお話しました。まず成年後見制度についてご紹介しましょう。

成年後見制度は、人の判断能力が衰えてきたとき、法的な代理人をつけるための制度です。人は自分の自由意思にもとづき、法律行為（契約など）ができるのが近代社会の建て前です。これを、行為能力があるといいます。そして、本人がやったことは本人に責任があります。しかし、一定の類型に当てはまる人は行為能力を制限し、後見人などが本人を代理したり、場合によっては本人が結んだ契約などを取り消したりすることができることにしました。本

一定の類型
「精神上の障害により事理を弁識する能力を欠く常況にある」（民法7条）場合に、家裁に後見の審判を請求することができます。家裁では精神鑑定などを行なって審判をします。

人がやったことは本人が責任をとるという建て前に、例外を設けることにしたのです。

これはあくまで本人を保護するためです。行為能力を制限される代表は、未成年です。子どもが勝手に結んでしまった契約を親権者は取り消したり、子を代理していろいろなことを行なうことができます。成年についても民法では、後見（保佐、補助）の制度を用意して、後見人（保佐人、補助人）が本人のやったことを取り消したり、代理することができるようにしています。

これを成年後見制度といい、以前の禁治産・準禁治産の制度を改正し、2000年にスタートしました。禁治産制度が本人の行為能力を取り上げ、またそれを戸籍に載せるといった差別的な面もあったのに対し、成年後見制度は本人の行為能力をできるだけ尊重し、それが欠ける場合にサポートをするという趣旨のものです。成年後見人等がついていることは登記をして表示します。高齢社会で認知症などの広がりを背景に、整備がされました。

利用するための手続きとしては、本人が認知症になったり終末期で判断能力が衰えたなど一定の状態になったとき、子など定められた範囲の人が家庭裁判所に申し立て、家裁の審判を経て後見人（保佐人、補助人）が定められると同時に、本人は被後見人（被保佐人、被補助人）となります。その旨は法務局に登記されるという流れです。

後見人になると、どのようなメリットがあるでしょうか。

まず、本人の財産の処分などをすることに、法的な立場の裏づけができます。介護費用のために親の定期預金を解約するとしても、銀行は「ご本人の意思が確認できないかぎり解約できません」と言います。以前のように、「家族だからいいでしょう」ではすまない時代です。しかし、本人は認知症でわからなくなっている、そのとき後見人であれば、本人を代理する

登記
法務局（法務省の機関）に登録をすること。

本人の意思確認
本人の意思がハッキリしているなら、たとえ寝たきりになっていても、本人から委任状をもらった代理人が行なうとか、銀行からの電話などで本人の意思確認をするなどして、たとえば本人の定期貯金の解約をすることが可能ですが、本人の判断能力が衰えている場合には、本人の意思を確かめようがありません。成年後見制度は、そうしたときに事後的に活用することができる制度です。

ものとして解約することも可能です。

また、本人がわからないままやってしまった行為を後見人が取り消し、それによって本人の財産を守ることができます。だまされて買ってしまったとしても（売買契約）、後見人はその契約を取り消せます。業者の側が「お客さまに後見人がついている、そんな（認知症の）かただとは思いませんでした（だから自分たちに落ち度はない、この契約は有効、お金を払ってください）」と言っても、後見開始の旨は登記されていますので、業者の言い分は有過失として通らないことになります。しかし、後見などの審判がないかぎり、たとえよくわからないままに行なった契約だとしても、本人にお金を払う義務（履行義務）が生じるのが近代社会の建て前です。

最後に、後見開始のさいには本人の財産目録が作成され、その後も後見人は本人の財産処分について家裁へ報告をする義務があります。不動産など大きな財産の処分には、あらためて家裁の許可も必要です。後見人が勝手なことをできるどころか、逆にガラス張りにする必要があるのです。そのことで、親の財産処分に他のきょうだい等の理解が得られ、無用な争いを避けることができるでしょう。

親が認知症や終末期で判断能力が衰えているときには、活用を検討したい制度です。くわしい相談先としては、弁護士、司法書士、行政書士などの法律家のほか、役所の無料相談、最寄りの家庭裁判所、地域包括支援センター、ケアマネさんなどです。

当世葬儀事情、お葬式で考えておきたいこと

さて、介護や療養を経て、ついに親が亡くなりました。その後は葬儀ということになりま

成年後見制度を活用した事例

後見の例

本人はアルツハイマー病で2年前から入院しているところ、本人の弟が事故死し、財産を相続することとなりました。ところが弟には負債しか残されておらず、相続放棄をしたいのですが、本人は全然わからない状況です。そのため、妻が後見開始の申し立てをしました。

家庭裁判所の審理を経て、妻が本人の成年後見人に選任され、本人にかわって妻が相続放棄の手続きをしました。

保佐の例

本人は1年前に夫を亡くしてから一人暮らしをしていましたが、中程度の認知症が現れて、長男家族が引き取ることになりました。長男は、本人名義の老朽化した住宅や土地を売りたいと考え、保佐開始の申し立てをしました。

家庭裁判所の審理を経て、

すが、いよいよ自分が喪主として葬儀を主宰しなければならない場面がやってくることになります。

はじめに人が亡くなったときの一般的な流れを押さえましょう。

日本では、人の死亡は医師の死亡診断書（変則的な亡くなり方をした場合は監察医の死体検案書）によって確認されます。死亡診断書は死亡届と一体となっています（用紙の右半分が死亡診断書）。死亡届は死亡を知った日から数えて7日以内に役場へ届け出ます（24時間受付ＯＫ）。

死亡届を提出したさいに、火葬許可証を受けます。葬儀や火葬を行なうまえに死亡届をして、火葬許可証を受けておく必要があります。

火葬許可証は火葬執行後、火葬場管理者の裏書によって埋葬許可証となり、遺骨を埋葬するときに必要となります。

こうした届出スケジュールのなかに、どう「お葬式」を挟むか、ということになります。型通り、通夜・本葬、出棺、火葬、納骨とか、とくに儀式めいたことをせず火葬だけしてお骨にしたあと、親の郷里へ持ち帰って一族で葬儀、納骨とか、いろいろなパターンがあるでしょう。

葬儀も、どこで、どんなお葬式をするのか、自分が喪主となって行なうとして、さまざまなイメージが必要です。

どんなお葬式？　規模（社葬レベルからぶっちゃけ葬儀ナシまで）、形式（宗教式／自由なやり方）

どこで？　自宅、団地等の集会所、斎場（業者の会館、寺院など）　現在の住所　田舎の本家（実家）

さて、気になる葬儀にかかるお金です。最低限どうしても必要なのは、遺体の移動費用（病

長男が保佐人に選任され、不動産の処分についての代理権も与えられたので、売却手続きを進めました。

補助の例

本人は軽度の認知症があり、家事の失敗などもみられるようになりました。そして長男が日中仕事で留守のあいだに、訪問販売員から必要のない高額の布団を何枚も購入してしまいました。困った長男は、補助開始の審判の申し立てをしました。

家庭裁判所の審理を経て、長男が補助人に選任され、同意権も与えられました。その結果、本人が長男の同意なく10万円以上の商品を購入してしまった場合には、長男がその契約を取り消すことができるようになりました。（買っちゃった布団は、取引は有効なので返品できません。今後のための措置です）

＊法務省民事局「自分のた

院等→自宅・葬儀場→火葬場）、棺、火葬料（待合室や骨壺含む）でしょうか。それ以外をどうするか、です。祭壇飾り・写真・花・式場代・セレモニー代（司会者など?）、宗教者費用、飲食、会葬返礼品などなど。これらはすべて葬儀イメージと連動してきます。

葬儀には葬儀業者を使うことが多いでしょうが、当方の希望を伝え、見積もりを確認することが大事です。消費者意識の高まりのなかで、葬儀社も見積もり提示等には大変ていねいな対応になっています。内訳や見積もりを出さない業者は、もはや避けたほうがいいでしょう。むしろ、「普通でいいです」が業者としても一番困るといいます。親の死という取り込み中でしょうが、こちらもきちんと対応するとともに、葬儀業者の事前相談会などを利用して情報収集しておくことも一法です。

ちなみに葬儀費用は基本的に故人の遺産を使って行なえばいいでしょう。葬儀費用は相続財産のなかから差し引くことができ、香典なども相続税の課税対象外になります。

ここで最近の葬儀のトレンドや心積もっておくといいことを、少しまとめてみましょう。

葬儀の形式で、最近よく聞くのが「家族葬」です。家族やごく親しい人で一晩つきそい、会食などをして故人を送ります。自宅や業者の葬祭会館の一室を借りて行ない、宗教者を招かない場合もあります。何段もの宮型祭壇を飾ってのスタイルより簡素で費用もかからず、よけいな気遣いに悩まされずに身内で心のこもったお別れができると好評だそうです。高齢社会で長寿をまっとうして亡くなる場合、故人のきょうだい等もすでに亡く、子世代以下しかいない、地域や会社などを迎えてとりたてて大きな葬儀をする必要もないなら、家族葬もこれからのトレンドになっていくでしょう。

葬儀というイベントにあまり重きを置かず、病院等からそのまま火葬場に移動してお骨に

めに みんなの安心 成年後見制度～成年後見登記制度～Q&A」より紹介

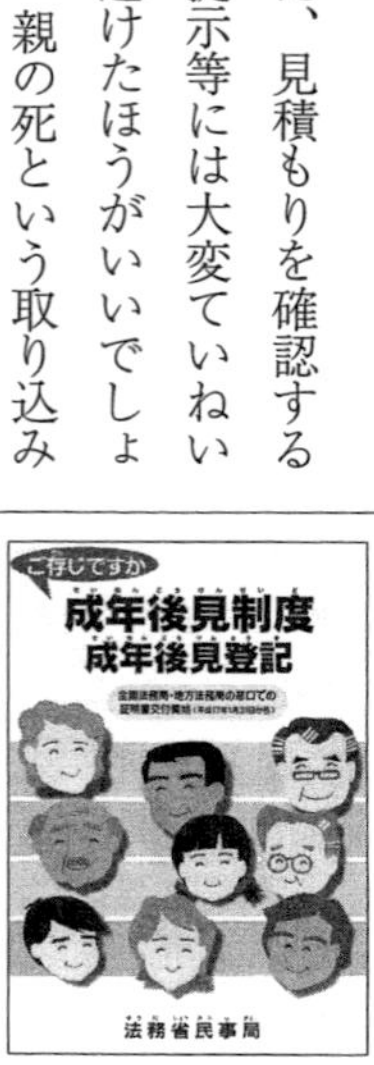

任意後見

成年後見の制度は、本人の判断能力が衰えてから主に周囲の人が事後的に申し立てる制度ですが、判断能力が衰えた場合に備えて、あらかじめ自分で後見人となる人や与える代理権の内容を決めておける制度があります。これを任意後見といいます。自分で自分の財産管理の委任などを自己決定するうえで、同性愛者のライフプランニング上、重要な制度です。11章であらためてお話しします。

するだけの「直葬」という動きもあるそうです。

さて、宗教者とのつきあいですが、家々の伝統や地域の習俗習慣などによってさまざまな場合があることでしょう。ご自分の家の宗教・宗派、菩提寺、あるいは故人に宗教・信仰がある場合、子としてそれを知っているでしょうか？　家や一族の墓地等についても知っておくことが必要でしょう。いままでとくに気にしてこなかったことが、いっきょに出てきます。

親の代に都会に出てきて郷里と縁が薄くなり、一族の菩提寺がわからず、葬儀業者の紹介で新しく宗教者を頼むこともあります。その寺の檀家として「入会」するのか、そのときだけのつきあいなのか、そういうことにも判断が迫られます。今後のつきあいの長短を背景に、戒名料とかお布施の意味と額をめぐってトラブルになることもあります。

葬儀をする場合、それはだれのための葬儀なのか、が問われてきます。葬儀は故人のためであるとともに、残された人のためのものでもあります。評判の悪い「葬式仏教」ですが、葬儀や忌日にお坊さんのお話を聞いて故人の死を受け入れていくプロセスは、よくできた「グリーフワーク」ともいえますし、意欲的なお坊さんのなかには、生と死が希薄化した時代にむしろ葬儀を教化の場として大事にしたいと述べる人もいます。

もちろん故人に、葬儀をしないでほしい、散骨してほしいなどなど、自分の葬儀に対して希望があるかもしれません。親戚のだれかの葬儀や法事で帰省したときに、「お母さんのときはどうしたらいい？」という話ができればいいのですが……。市販の「エンディングノート」(後述)などにも、そうした希望を記せるページがありますから、書いてくれるといいのですが、親自身も自分の死を見つめるのは気が重いのでしょう。むずかしいことです。

私たち同性愛者は、親と「性」について話すことがむずかしかったわけですが、最後に親

葬祭業者の探し方

亡くなった病院で紹介されるほか、親戚の紹介、互助会などへの加入、近所の葬儀屋さんへの依頼などがあります。団塊世代の高齢化で葬祭業は成長産業で、折り込み広告も多く、ウェブサイトも多数開設されています。事前の相談会なども行なっています。

と「死」について話すことも、また大きな課題となるのかもしれません。

遺産相続の基礎知識

親を見送ったあとは、親が残したものの処分、つまり遺産相続となります。相続にはいろいろ複雑な手続きもあって、司法書士や税理士など専門家に任せる人が多いですが、それでも知っておきたいことがありますので、ここで整理してみましょう。

法定相続人と法定相続分

財産（動産であれ不動産であれ）には、かならず所有権（所有者）があります。持ち主がいない「無主」はありえないのが法律の前提です。では、所有者が死亡していなくなったときは、どうなるのでしょう?

法律では、所有者が死亡の瞬間に、相続分という割合によって相続人が共有する状態になっていると考えます。亡くなった人に遺言という意思表示があれば相続人やその相続分は遺言に従いますが、遺言がない場合は、法律で定められた相続人や相続分による共有となります。これを法定相続人、法定相続分といいます。

法定相続人とか法定相続分といっても、基本的なことは、中学校の公民の時間に習ったことがありますね。

＊親の一方が亡くなった場合、配偶者が2分の1を相続し、残りの2分の1を子が均分（平等）に相続する。

＊一人親が亡くなった場合、子が均分に相続する。

これが原則です。これを発展させて、少し特殊な場合として、

＊相続人である子が親より先に死亡しているが、子に子（孫）がある場合、孫が子の相続分を均分に相続する（代襲相続）

【例】子（先に死亡）の相続分が3分の1で、子に子（孫）が2人いる場合、実際にはそれぞれの孫が6分の1ずつ相続する。

＊養子も実子とおなじ相続分がある

【例】再婚で相手の連れ子と養子縁組もしている場合、連れ子にも実子とおなじ相続分がある。

＊外に父が認知した子がいる場合、その子（非嫡出子といいます）には嫡出子の2分の1の相続分がある

【例】嫡出子2人と非嫡出子1人で相続するときは、嫡出子は5分の2ずつ、非嫡出子は5分の1の相続分となる

相続権のあるきょうだいですでに死亡しているが、子がいる（あなたから見て甥姪がいる）とか、親が再婚であなたと義理のきょうだいがいるとか、父親が外に女性関係があり子がいるというときは、注意が必要です。離婚をして前の配偶者のところに実子がいる場合も、当然、その実子に嫡出子としての相続分があります。

親が亡くなったとき、法定相続人はだれで、その法定相続分はいくらかがわかるようになっておくことが大切です。

母の子はすべて「嫡出」になります。
親の離婚したもとの配偶者は、現在、法律上の関係はないので相続権はいっさいありません。

相続財産とその評価

どんなものが相続財産となるのでしょう。相続財産はすべて金額に換算して評価されます。

○本来の相続財産

現金、預貯金　預貯金は相続日（本人死亡日）に解約した受取額で評価します。

不動産　土地は路線価、建物は固定資産税評価額で評価します。

有価証券　株式や国債、社債、投資信託です。基本的に相続日の時価で評価します。

自動車　時価で評価します。

貴金属、ゴルフ会員権、書画骨董など　資産価値のあるものは時価で評価します。

○みなし相続財産

つぎのようなものも相続財産とみなされます。

生命保険金、死亡退職金、死亡弔慰金など

○生前贈与

故人が亡くなる前の3年以内に、実際に相続をする人に贈与した財産。贈与時に高い贈与税を払っているはずです。こんなに早く亡くなるなら相続まで待ってるんだったのに、そうしたら税金（相続税）がかからなかったのに……ということで、相続財産に繰り込んで、税金も相続税で計算し直してあげましょう、という措置です。贈与時の価額で評価します。相続時清算課税制度を適用された贈与財産も同様に贈与時の価額で評価。

以上をいわばプラスの相続財産だとすると、故人が残した借金なども、マイナスの相続財産として相続人に引き継がれることになります。

○マイナスの相続財産

相続時清算課税制度
→73ページ

借入金　故人が残した借金（ローン）など
未払費用　生前の入院費、税金など
葬式費用

プラスの相続財産からマイナスの相続財産を差し引いて、もし赤字になるようなら、借金だけ相続するわけにはいきませんから、相続放棄も検討することになります。相続人としてはなにも手にすることはできませんが、残されたもので債権者に分配が行なわれ、それ以上の債務を負うことはありません。

遺産分割協議と遺産分割協議書

相続人と相続分、そして相続財産がわかったところで、あらためて相続人間で遺産分割協議を行ないます。現段階では法定相続分の割合で、家も共有、土地も共有、預貯金も共有となっています。お金のように分けることができるものならいいのですが、家の3分の1だけもらってもしょうがありません。それであらためて協議をして、家と土地はだれ、お金はだれ、株はだれ、などと分割協議を行ない、遺産分割協議書を作成します。遺産分割協議書には、相続人全員が署名捺印し、印鑑証明を添えます。この遺産分割協議書があってはじめて、登記簿の不動産名義、預貯金の口座名義、株券の株主名義などの変更ができることになっています。

遺産分割協議は、相続権のあるものが全員そろって行なう必要があります。親が離婚を経験していて前の配偶者とのあいだに子がいる場合は、当然、その人にも相続権がありますし、父が婚姻中に外に子どもをつくっていた場合など、子としては複雑な心境かもしれませんが、

相続放棄
故人の住所地の家庭裁判所へご相談ください。亡くなってから3か月以内に行なうことが必要です。

遺産分割の方法
現物分割　これは誰に、あれは誰へ、と分割
換価分割　遺産を金銭に換えて、それを分割
代償分割　分割困難なもの（事業用不動産など）を特定の人が相続し、他へは代わりのお金を払うなど

遺産分割協議書（作成例）

被相続人 佐藤太郎は平成〇年〇月〇日に死亡したので、その相続人 田中花子、佐藤次郎は、被相続人の遺産につき次のとおりに分割することを合意した。

1．相続人田中花子は、次の遺産を取得する。
東京都新宿区新宿１丁目２番３号　宅地３３０平方メートル
同所同番地所在　住宅
家屋番号　７７番　木造瓦葺２階建
床面積　1階　１２５．００平方メートル
　　　　2階　１００．００平方メートル

2．相続人 佐藤次郎は、次の遺産を取得する。
五菱銀行新宿支店の被相続人名義の普通預金（口座番号　普通預金１２３４５６７）
五菱銀行新宿支店の被相続人名義の定期預金（口座番号　定期預金９８７６５４３）
五井商事株式会社の株式　１０００株

3．相続人田中花子は、次の債務を承継する。
五菱銀行新宿支店からの借入金　３００万円

上記のとおり相続人全員による遺産分割協議が成立したので、これを証するため、本書２通を作成し、署名押印の上、各１通宛所持する。

平成〇年〇月〇日
東京都中野区中野１丁目２番３号
相続人　田中　花子　印
東京都新宿区新宿１丁目２番３号
相続人　佐藤　次郎　印

血縁であるかぎりは排除することはできません。亡くなった人の戸籍をすべてさかのぼって、血縁になる人がほかにいないか確認する必要もあります。

相続権のある人が所在不明で連絡がとれない場合には、家庭裁判所に相談して、不在者財産管理人を選任してもらい、その人に遺産分割協議に参加してもらったり、最悪、家裁に失踪宣告を申し立てて死亡していると見なす場合もあります。

なお、すでに故人の遺言状がある場合は、遺言に示された内容に従って相続が行なわれます。

相続税と手続きのスケジュール

親からの相続があると、相続税も払わないといけないのか、と心配するかたがいます。ここで相続税について触れてみます。

たしかに相続財産には相続税がかかり、それを実際に相続した人で分担して納付します。しかし、相続税の計算には基礎控除があり、それを上回る財産があったときはじめて課税されることになっています。基礎控除は、5000万円+(1000万円×法定相続人数)で、きょうだい3人で相続するなら5000万円+1000万円×3人で8000万円が控除され、それ以上の相続財産がある場合に、相続税が課税されるわけです。

また、相続財産を金額で評価するさいにも、さまざまな措置や非課税枠があります。たとえば、

*居住や事業用の土地に相続人が住む場合には、土地評価額を要件に応じて50%または

80％減額

＊生命保険金は、法定相続人×５００万円分は非課税（法定相続人が受け取る場合）

＊死亡退職金は、法定相続人×５００万円分は非課税（法定相続人が受け取る場合）

＊死亡弔慰金などは、普通給与×3年分（業務上死亡。業務外で死亡は6か月分）は非課税

相続財産の評価額自体もこれによって小さくなり、ますます相続税が「かかりにくく」なっています。実際、日本で相続税を払う人（故人）は、４・２％だそう（平成19年、財務省「相続税、贈与税など（資産課税等）に関する資料」）。ほとんどの人には縁のない世界なのです。逆に、親が残しそうなものをざっと予想して、相続税がかかりそうだなと思う人は、早めに銀行などで相続税対策を相談してみることをおすすめします。

課税がある場合の税額計算や、各人の納付税額の計算方法は、煩瑣にわたりますので本書では省略します。

こうした相続にかかわる手続きには、いくつか期限が定められてあり、それに従って進める必要があります。

相続開始　死亡日。

相続放棄の期限　3か月以内。このときまでに相続人と相続財産の調査を終え、負債のほうが多い場合には相続放棄も検討します。

故人の準確定申告　4か月以内。故人のその年の1月1日から死亡日までの収支について、確定申告をします。

相続税の申告　10か月以内。課税がある場合の申告期限です。課税がなくても、一般にそのころまでに遺産分割協議を整えるのがよろしいでしょう。

基礎控除の改訂

相続税の基礎控除が現在の6割程度に縮小されることが、たびたび言われています（本書執筆現在、まだ未決定）。これによると、

基礎控除＝３０００万円＋６００万円×法定相続人

となります。生命保険金の非課税枠算出のための法定相続人も、未成年者、障害者、相続開始（死亡時）直前に被相続人と生計を一にしていた者に該当する法定相続人しか対象にできなくなります。

また平成22年からすでに、親の宅地を別居している子が取得する場合、子がすでに自宅を所有している場合は評価減の特例が適用されず、まるごと課税評価されます。

こうしたことから、相続税がかかる場合が増えることが予想されます。早めの把握や相談が必要です。

遺留分減殺請求　遺留分請求権のある人の請求は相続開始から1年以内です。
また、名義変更等の手続きは、
不動産　その不動産が所在する法務局（登記所）で所有権の移転登記
預貯金、有価証券　銀行や証券会社で口座名義や株主名義の変更
自動車や電話加入権　陸運局やＮＴＴなどで名義変更
そのさい、遺産分割協議書の写しや印鑑証明、相続人であることを証明するための戸籍謄本を持参します。これら以外にも諸手続きがありますので、下欄を参考にしてください。

エンディングノートの活用

親の終末期をめぐっていくつかの場面で必要になる知識をご紹介してきましたが、親と死について話すことは、なかなか気骨が折れることだと思います。お葬式について親の意向を聞くこと以外にも、介護が必要になった場合についてや終末期医療についてなど、もしもの場合にはどうしてほしいのか、死後には財産をどう分けてほしいのかなど、事前に親に聞いておきたいことはたくさんあります。第一、親子とはいえ、親がどういう財産をもっているのか（不動産、預貯金、株式、保険、カード類、負債など）、証書や通帳、重要書類や印鑑はどこにあるのかなど、子としては知らないことばかりです。片付けや相続の手続きのさいには、「天国に電話かけて聞きたい」と、残された人はみんな言います。存在を知らなかったばかりに、保険金の請求などをし忘れては、せっかく掛けたお金もムダになります。

そうしたときに使えそうなものが、これまでも何度か出てきた「エンディングノート」「も

死後の手続きチェックリスト

- □ガス、水道、電気、ＮＨＫ、住居、電話の名義変更（営業所や大家）
- □クレジットカード、各種有料会員（各会社）
- □携帯電話、プロバイダーなどの解約（各会社）
- □運転免許証の返却（警察署）
- □パスポートの返却・無効手続き（都道府県の旅券課）
- □生命保険金の請求（各会社）
- □住民票の世帯主変更（役場）
- □健康保険の喪失届（役場、健保組合）
- □健康保険の葬祭費の請求（役場、健保組合）
- □年金受給停止の手続き（社保事務所）
- □遺族年金などの請求（年金事務所）
- □介護保険の喪失届
- □所得税の準確定申告

しもノート」です。こうした商品名で市販されているものも何種類もありますし（書店にコーナーもあります）、ウェブ上にも介護ＮＰＯや葬儀社などがＰＤＦで提供しているものもあります。たんに記述欄だけのものから、市販品では終末期から死後にかけての有益情報の読み物部分とセットになったものまで、いろいろタイプがあります。

これらには、自分史や家族へのメッセージにつづいて、介護や終末期医療、葬儀への希望、もしものさい連絡してほしい人びと、財産の覚え書、処分についての希望などを書き込むようになっていて、実際を決定するさいに非常に有益です。財産処分についての希望などは、そのままでは法的な遺言としての効力はありませんが、遺産分割協議のさいの参考になるでしょう。

親類の葬儀や法事で帰省したときなどにプレゼントして、話をするきっかけにしてみるのはいかがでしょうか。

親と過ごせる時間は、刻一刻と短くなってゆきます。せっかくのこの世での縁を、大事にしたいものです。

パート 4

同性愛者として迎える老後

*10*章 老いた私と、お金と家と

60歳以後の私たちを想像する

前章までで親を見送ったあとには、いよいよ自分の老後が迫っています。0章で触れたように、1990年代にゲイとして一生を生きることを選択した若者たちが中高年の域に差しかかり、これから老いを迎えようとしています。「大台に乗った」が、50代を迎えたことを当たり前に意味するようになりました。60歳、還暦もすぐそこでしょう。

自分の老後を考えるために、60歳以後の自分たちを少し想像してみませんか?

60歳は現在、退職の年齢とされています。職場を離れることによって、定期的な収入が終わります。年金は現行では65歳から受給します。ここに「空白の5年間」と呼ばれる無収入期間が生じることになります。嘱託や再雇用で職場に残る、高齢者のアルバイトを探す、事前に個人年金や貯金を積み立てておく……なんらかの対策が必要になります。

もっとも、退職によって収入も減りますが、衣服費や外食・飲みつきあいが減るなど生活

がダウンサイズされ、支出も減少するでしょう。こうした家計の変化への対応には、次節で考えてみます。

　容姿・容貌の変化は、覆いようもなくみずからの上に表れます。家族もちヘテロの場合、子育てを通じて父・母役割とともに自身の熟成・老化を受け入れていきますが、ずっと若いつもりだったゲイが見た目の若さを喪失することは、そのメンタリティにどういう影響をもたらすのか？　あるいはゲイコミュニティという性愛を通じて形成された関係のなかで、加齢とともに性愛的に排除され居場所を失う思いを、ゲイたちは今度はなにで埋めあわせるのでしょうか？　もちろん、「灰になるまで男（女）は男（女）」と言うかたもいらっしゃるでしょうが……。

　そんなことを四の五の言うまえに、60ともなれば、身体機能そのものがどんどん老化してゆきます。発病・介護という事態を経験することもあるでしょう。そしてすべての人の先には死があります。

　退職は、収入とともに会社的人間関係を失うことも意味します。自分の周りの人間関係がすべて会社によってもたらされていたことを、失ってはじめて知るかもしれません。名刺や肩書きのない「素の自分」として、第二の人生、新しい人間関係をどう築くか？　これはセクシュアリティ不問の課題でしょう。

　そのとき「地域」ということが強調されます。家族もちヘテロであれば、子どもの学校を通じて地域とのなんらかの関係をもっています。では、同性愛者にとって地域とは？

　その地域なる場所で、私たちはこれから一人住まいの高齢者として、あるいは同性の高齢者どうしで同居するヘンな家の人として、見られることになります。発病や介護、そして終末期の舞台ともなるこの「地域」で、そのときどんな問題が起こるのか？

本書では、いたずらに「カッコいい大人になる」などのコピーは用いません。脅かしではありませんが、やはり年齢を重ねることには、それなりの労苦もあることと思います。結婚圧力の強かった時代を生きた先輩たちの多くは、結婚・家族形成という選択をしており、同性愛者のライフスタイルで高齢になったときなにが起こるのかを教えてはくれません。本書は読者のみなさんとともに「ゲイ一期生」の自負をもって、手探りで進んでいきたいと思っています。

老後のお金をどう考えるか

老後問題の手始めに、老後のお金について考えてみました。

各種の本に、退職時いくらの貯金が必要などと書かれています。お金はあるに越したことはないでしょうが、いくらあれば安心などはあまり意味がないと本書では考えています。人それぞれライフスタイルも違えば、かかる費用も違います。貯金があったからといって、長生きすれば使い尽くす事態になります。そのときそのときのやり繰り、生き延びる知恵や戦略に、決定版はありません。ここでは考え方だけ提案してみましょう。

さきに述べたように、退職によって収入は減りますが、支出もダウンサイズされます。現在の基本生活費の6～7割になると言われます。仮に年間の生活費を２５０万円としましょう。住居費込みで月額20万円で暮らして12か月分で２４０万円、それに諸雑費合わせて２５０万円です（ここに上げる数字は一切、架空のものです）。それが7割になったとしたら、１７５万円です。ところで、これが85歳の平均寿命まで25年間必要とすると、かけ算をして4375万円という金額が出てきます。さて、どうしましょう?

一方、60歳からの収入としては、現行65歳からの公的年金のほか、退職時までの預貯金、退職金、人によっては資産運用(個人年金、株式、投信、債券等)、そしてこの時期、親からの相続ということもあるでしょう。なにやかやあるとはしても、とはいえこれでは総支出をまかなうわけにはいきません。これはだれでも同じ、驚く話ではありません。

その不足分をどう埋めましょう。ここが知恵の絞りどころです。

◎仕事を続ける

60歳はまだまだ身体も元気盛りです。家に引っ込むには早すぎます。社会参加も兼ねて仕事を続けるチョイスがあります。人を使う立場から人に使われる立場にどうシフトできるか。あるいは、それまでの人脈・経験を生かして起業する、資格をとっておいて自営業……高齢者の労働問題、どれもラクではないですが、前向きに考えてみましょう。

◎節約する

みじめったらしくならない範囲で(笑)、楽しくケチケチ作戦に励みましょう。一人暮らしよりも、生活を共同化することで生活費を安く上げることもできます。老後こそ2人暮らし、いかがでしょうか?

◎リタイアまで貯蓄・年金等に励む

会社で厚生年金を強制的に天引きされているかた、じつはこれだけでもけっこうな積み立てになっています。それ以外に自分でも貯金ができていればなお安心。本書では40歳からの

1000万円貯金計画をお勧めしています。自営業者やフリーランスで国民年金だけの人は、なるたけ追納をして未納を無くしておく、上乗せをするなら国民年金基金を検討してみる、という策があります。

◎支出を見直す

同性愛者に保険は不要とは、すでに説いてきました。保険料は切れます。

住居費についても、賃貸住宅なら安い物件への転居もアリです。都市圏は家賃相場が高いと思い勝ちですが、昨今、低家賃物件に絞って紹介する業者やサイトが人気を集めています。家賃相場の安い地域（地方）への転地は、第2の人生をどこで送るのか、ライフプラン全体にもからんでくる問題です。退職をまえにこのさい廉価な中古マンションを即金に近い方法で買ってしまい、老後の家賃支出を無くしてしまう手もあります。地方なら中古といわず新築1ルームでも十分買えてしまうかもしれません。親の介護も兼ねて実家へ帰り、親の死後は実家に住まう人もいるかもしれません。

ところで、高齢になってからの賃貸住宅の転居は、家主に敬遠され貸してもらいづらいという声があります。とはいえこの高齢社会、そんなこと言っていては高齢者はどこへも住めなくなります。行政でも高齢者の賃貸住宅入居促進のための政策をいろいろ行なっていますので、その点かなり改善していることと思います。実際、家主もそんなことを言っていては、いつまでも空室が埋まりません。

◎病気をしない、要介護にならない

支出の削減策として見落としがちですが重要。医療費は健康保険や後期高齢者医療制度で、介護費用は介護保険でなんとかまかなえるにしても、身体が動かないとなれば、働いて収入

1000万円貯金
↓35ページ

国民年金基金
↓60ページ

保険は不要
くわしくは6章。

低家賃物権
家賃相場が高いと思われていた首都圏でも、低家賃物件を専門に紹介するサイトや業者が人気を集めています。これまで不動産業者が、仲介料の少ないのを敬遠して扱わなかっただけで、実際かなりリーズナブルな物件が多いということだそうです。（朝日新聞）

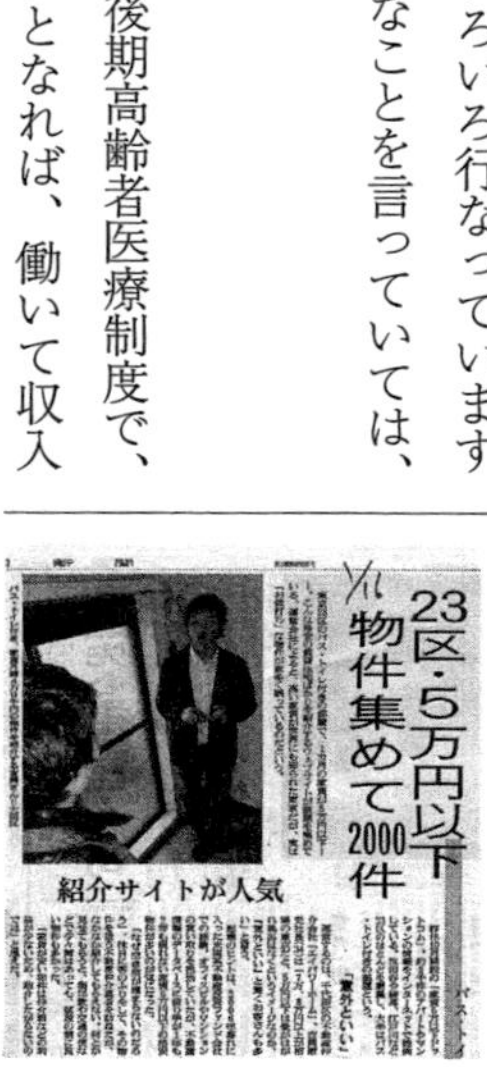
23区・5万円以下
物件集めて2000件
紹介サイトが人気

を得ることもできなくなります。せっかく楽しみにしていたアクティビティにも、制限が出てしまいます。ちょっとしたアンチエイジングの心がけ（運動など）が、同年齢でも大きな差をもたらします。禁煙は健康維持と支出削減に効果があります。健康生活はバランスのとれた食生活も大事で、料理技能があることは老後のサバイバル戦略として大切なことで、高齢者のための料理教室も盛んです。でも、やはり料理はダメ、続かない、というなら、多少割高でも食事の宅配サービス利用もアリでしょう。食材をムダにしたり外食を続けるより、かえって家計的にもリーズナブルかもしれません。

◎公的扶助を受ける

最後の最後ですが、やはり収入も途絶え生活の維持が厳しいとなれば、公的扶助を受けることは国民の権利です。生活保護の受給や公営住宅（家賃は収入に対応）の斡旋などがあります。

老後の住まいをどう考えるか

前節では、老後支出の見直しの点で低家賃物件への転居に触れましたが、老後の住まいはお金だけが問題ではありません。身体機能が衰えたり要介護状態になったとき、住み続けられる家なのか。これまで一人で暮らしてきたが、高齢期を迎えて突然、発病したり体調が急変したとき、どうしたらいいのだろう——老いの住まいと住まい方をめぐっては、そんな問題もあります。

高齢者の住まいについて、つぎのようなことが言われます。

いつまでも 寝たきりになっても、認知症になっても、ひとりきりになっても

高齢者の入居支援
東京都では財団法人 高齢者住宅財団が家賃保証を、財団法人 東京都防災・建築まちづくりセンターがあんしん居住制度（見守りや葬儀、残存家財の片づけ）を実施して、高齢者の入居支援をしています（webあり。いずれも有料）。

食事の宅配サービス
外食産業のおかず・食事宅配サービスのほか、コンビニチェーンでも最寄りの店舗で受け取りをし（宅配も可）、見守り機能も兼ねたサービスを開始するなど、気をつけて見ているど、いろいろな動きがあるようです。

安心できる場所で自分らしく暮らしたい　医療・介護のケアが受けられ、人との交流があり、追い出されない気ままに、人間として尊重され、生きがいがもてる本当にそのとおりだと思います。私たちが高齢になったとき、どんな状態となっても、良質なケアと人との触れあいを得ながら、最後まで自分らしく過ごせる住まい。それは可能でしょうか。

高齢者の住まいをめぐって思い浮かぶのは、まず自宅か老人ホームか、の二つの道ではないでしょうか。

◎住み慣れた現在の家で住み続ける

購入であれ賃貸であれ、いま住んでいる家・場所で最期まで住み続け、そこが終《つい》の住処《すみか》となるもの。介護が必要な状態となれば、そこへ在宅介護を導入します。手すりの設置などバリアフリー仕様への改修工事には、介護保険の補助もあります（賃貸住宅でも家主と交渉）。介護政策的に、介護は在宅介護が中心の流れ。介護保険でも従来のヘルパーさんによる訪問介護などに加え、連絡があればすぐ駆けつけてくれる「定期巡回・随時対応サービス」が導入され、高齢者が住み慣れた地で暮らし続ける体制を目指しています。

介護保険サービス以外にも、市区町村が独自に行なう高齢者サービスがいろいろあります。民生委員などによる見守りサービスや地域の支えあい事業、緊急通報システムの提供、火災予防のために火災報知器や電磁調理器の提供、はては三療（はり・灸・マッサージ）サービスなどなど。一度、役場のウェブサイトや公報をご覧になってみてください。

行政が配布する広報誌
これは本当に地域情報の宝庫で、さまざまなサービスが実施されていることがわかります。「そんなサービスあるなら教えてほしかった……」とグチるまえに、地域での発行体制や入手方法を把握し、すすんで目を通すことをおすすめします（私が在住の中野区は、月2回発行・戸別配布されます）。

⟷

◎介護施設への入居

在宅の対極は、介護施設への入所です。介護保険で入所する施設には、つぎの3つがあるのでした（介護保険の復習です）。

特別養護老人ホーム（特養） 常時、介護が必要な人の入所施設。寝たきりとか重度の認知症など。

老人保健施設（老健） 自宅復帰を前提のリハビリ施設。3か月をめどとするが、在宅介護が整わず滞在が長期化する問題も。

介護療養型医療施設（老人病院） チューブその他、常時、医療のサポートが必要な状態で、病院への入院に介護保険が適用されるもの。

このほかに、認知症の人などが小人数で共同生活を行なうグループホームなどもあります。介護療養型医療施設をのぞく施設では、終末期に容態が悪くなると病院へ移されるケースが多いのですが、介護保険の改訂で死亡当日の報酬を手厚くしたり、投薬や注射、たんの吸引など医療行為の報酬を加算して、慣れた施設で最期まで暮らせるようにする体制が進められています。

さまざまな介護保険サービスや行政の高齢者サービスを導入しながら、最期まで自宅で暮らすスタイル。それは住み慣れた場所での暮らしが続けられ、それなりにサービスも用意されているけれど、やはり一人暮らしには少し不安な面もある……。

その対極に、完全に施設へ移り、介護サービスや医療を受けながら、施設で最期を迎えるスタイル。安心で、介護保険なので料金も適切だけれど、施設というどこか大仰なイメージもあり、そもそも入所自体は困難（かなりな要介護度が対象）……。

ということで、在宅と施設の中間に現在、介護や医療、食事提供などのサービスが付随したさまざまな高齢者向け施設や住宅が展開されてきています。現在の高齢者向け施設・住宅の情況を、本書なりの視点で整理してみましょう。

介護付き有料老人ホーム

この名称も、ずいぶんポピュラーになりました。はじめて登場したころには、入居時に何千万円もの一時金を払い、毎月の利用料も高額な、相当の富裕層向け施設のイメージがあり、広告写真に写る内装も相応に豪華でした。現在はさまざまな事業体が参入し、それぞれのマーケティングに合わせたコンセプトで展開され、料金も高嶺の花から丘の花までさまざまなタイプがあります。

介護付き有料老人ホームは、要介護認定を受けた原則60歳以上の人が入所します。特養には要介護度上あるいは順番待ちでまだ入れない、自宅では不安、すぐ入りたい、ヘルパーさんたちのケアを（24時間体制で）受けながら、快適に最期までを暮らしたい、そういうニーズには向いています。

施設は居室と共用施設に分かれており、居室は個室でトイレ付き（キッチンや浴室は、基本的に

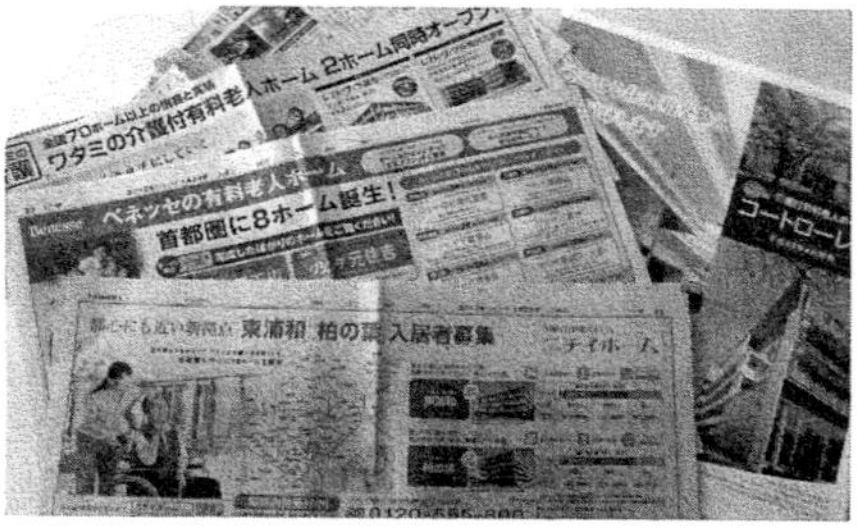

新聞には毎週のように有料老人ホームの広告や折り込み広告が……。

居室は大部屋式のものもあり、入居一時期などがその分、低廉です。

要介護者のための部屋なのでついていません）。共用施設は食堂や集会室、ロビー、面会室、カフェ、テラス、機械浴室などがあります。基本的に要介護者が一人で入居するものですが、まだ元気な配偶者といっしょに入居できたり、そうした家族向きの居室が併設されているところもあります。

介護施設ですので、厚労省の基準にそった体制がとられています。定期検診があり施設のナースが状態を把握、健康相談に対応しています。医療が必要なときは、施設と提携の医療機関への受診（付き添いサービス等もあり）や訪問医療が受けられます。介護については基準を満たす人員体制で日常生活における食事、入浴、排泄、その他に対してサービスが受けられます。3食が提供され食事作りから解放されるとともに、栄養改善がはかられます。医療や介護以外にも、施設としてさまざまな生活サポートや悩み事相談ができ、いろいろなクラブ活動や行事でめりはりのある生活を送り、入居者どうしの交流も広がります。そして、たとえ要介護度5になったとしても放り出されることはなく、最期までお世話をしてもらえる、ということです。

さて、気になる費用です。介護付き有料老人ホームは、入居一時金を支払う利用権方式で（終身、入居できます）、入居後は、月額利用料（内訳としては、家賃、管理費、食費、居室の水光熱費、健康管理費など施設によって設定）や、介護保険を利用した場合の1割自己負担があります。

全国に70以上を展開するある介護付き有料老人ホームは、母体が外食産業だけあって、施設での食事や居酒屋経営で培われた空間作りが売りです。この施設の広告の数字を拾ってみます。

東京郊外・私鉄沿線のある施設では、居室（18～20・54平米）が60室、入居一時金が680～

家族向き居室に同性パートナーが配偶者としていっしょに入居できるかは、不明です。

880万円、月額利用料が21万3250円としてあります。内訳は、家賃や人員の人件費にあたる施設費が14万9410円、食費が3食で5万8590円、居室水光熱費が一律5250円で、そのほか介護サービスを使えば介護保険料1割自己負担がかかります。同社の神奈川湘南エリアの施設だと、月額利用料が19万250円といったところです。

いろいろな広告を見比べると、この会社の金額が中堅どころという感じで、高いほうへはいくらでも高く、一方、安いほうへもそこそこあり、地方へ行けばさらに手頃な価格のものも多く、貯金で入居一時金を払い、月々は年金の範囲で収めることも可能です。子どもも独立し、配偶者もすでに亡く、一人身で要介護度もついた、若干の財産と年金があればこのさい入居しようかという高齢者の人気があるのもうなづけます。子たちも安心します。

ただ、それなりの入居一時金を払い、場合によっては家などを処分して終の住処として入居するわけですから慎重な選択が求められますし、退居することになった場合、一時金の返還をめぐってトラブルも起きます。さきほど紹介した施設でも、返還金制度ありとして一時金は入居期間に応じて割り戻すことになっていますが、5年間（60か月）で償却、つまり6年目以後に退居する場合は返還金はありません。また、ゲイ的に言えば、集団生活が苦手な人、他者にあまりせんさくされたくない人には向かないかもしれません。ヘルパーは若いとしても、右見ても老人、左見ても老人に息が詰まったり、若いころからハデに遊び倒してきた人にとって、ホームでのアクティビティも、いまさら童謡歌ったり絵手紙描いたり、なにが悲しくてそんなことを……の思いがするかもしれません（笑）。また、単身者で親族とも縁が薄く身元引受人がいない場合、入居ができるのか、血縁ではないパートナーや親友が保証人（身元引受人）になれるのか、そのへんは不明です。

高いほうはいくらでも高く　都内中央線沿いのある施設では、1人室が20平米強、2人室が41平米、入居金1500万〜2千万円程度、月額利用料約25万円／人でした。

サービス付き高齢者向け住宅

介護付き有料老人ホームは、終身そこへ入居するのが原則の施設ですが、契約自由な賃貸住宅でありながらバリアフリー施設であり、高齢者の万一に備えた見守りサービスも備えたタイプの住宅が2011年から登場しました。サービス付き高齢者向け住宅で、いまや「サ付き」と呼ばれて高齢者業界のホットな話題になっています。

この住宅は国土交通省と厚生労働省が所管の改正「高齢者すまい法」が根拠で、それまであった種々の高齢者向け住宅の名称を一本化し、2011年10月から登録を開始しました。住宅の事業者（家主）は、都道府県・政令市・中核市でサービス付き高齢者向け住宅として登録ができ、利用者は名簿で住宅を探せます。行政も事業者へ指導・監督を行なうことができるというわけです。

サービス付き住宅は、ハード（バリアフリー、一定面積や設備）と見守りサービス（ケア専門家による安否確認と生活相談は必須）を備えていることが要件です。安否確認や生活相談以外のサービスは、住宅ごとにさまざまです。食事や介護サービスの提供が主ですが、その場合は食費や介護保険の1割自己負担が必要です。賃貸住宅ですから基本的にだれが入居してもいいわけですが、おおむね65歳以上で独居が困難な人や介護認定を受けている人を対象としています。有料老人ホームのような入居一時金などはありません。

手すりや緊急呼び出し装置、火災時のスプリンクラーがついてバリアフリー仕様になっている高齢者向けアパートに、24時間常駐の舎監さんがついている、そんなイメージでしょうか。それに食事の配達、施設内や外部の介護事業所から訪問介護などをお願いしたり、近隣

「サービス付き高齢者向け住宅」で検索すると、国土交通省のウェブサイトで概要がわかります。高齢者専用賃貸住宅（高専賃）、高齢者円滑入居賃貸住宅（高円賃）、高齢者向け優良賃貸住宅（高優賃）は廃止となりました。（図は国交省と厚労省によるパンフレット）

で提携している医療機関に取り次いでもらえたりもできます。そしてたとえ要介護5になっても退去させられない。もちろん賃貸契約なので解約・転居も自由……これはなかなかリーズナブルで、とくに一人暮らしで不安を抱えているが、有料老人ホームほど常時手厚い介護を必要とするわけではないし、経済的にも潤沢ではないという高齢者には魅力的な住まいではないでしょうか。

月額利用料としては、家賃・共益費のほか、見守りサービスにかかわる費用とがかかります。これに利用サービスに応じて食費や介護費用がかかります。

サービス付き住宅には現在、事業者の参入が相継いでおり、中・低所得の高齢者の存在を背景に、地方都市では食費も合わせて月10万円を切る例も出てきています。山陰地方のある都市の住宅は2階建てで16室あり、一室は18平米。各部屋にトイレと洗面台があり、風呂や食堂は共用（この住宅は居室に自炊キッチンはなく食事提供型）。1階に介護事業所が入りヘルパーが詰めていて、そこが入居者の対応も24時間でしてくれます。介護事業所が滞在施設を併設したとでもいったほうがわかりが早いでしょうか。費用は、家賃と食費（3食30日分）がそれぞれ月4万円程度に見守りサービスにかかわる費用がついて、月8万5000円。すぐ満室になったそうです。

安さの理由は、地域の家賃や人件費相場もあるでしょうが、建築時から建物の工法の工夫で建築費を抑え家賃を下げる、食費も冷凍・調理済みを使うことなどで抑制。介護事業所が併設してあるので、サービス付き住宅のためにヘルパーをわざわざ雇うのとは異なり、そのぶん割安にできることなど。ある入居者（要介護2）は、介護費用の1割負担分を合わせても月12万円弱で暮らせるといいます。住まいや食事にことさらゼイタクを言わない、ヘルパーも24時間いて安心、と満足する人はいるでしょう。こうした低価格帯のサービス付き住宅を運営する社長は、「現状では行き場がない中間よりも下の所得層で介護が必要な高齢者を対象とする」と明快に語っています。

首都圏でも、家賃・共益費が月11万～14万、食費が4万円、見守りサービスにかかわる費用が3万円ほどで、合計18万～20万円のものが主流とか。事業者側はこれを月15万円程度まで下げたい（もちろん3食つき）と言っています。

サービス付き住宅はかならずしも要介護度がついた人である必要はなく、25平米の部屋でバス・トイレ・キッチン付きのタイプを提供している事業者もあり、いわばワンルームマンションで自立した生活をしながら見守りサービスはほしいという人に向いています。転居を考えるさいに、サービス付き住宅は狙ってみたい選択かもしれません。ただ、住みやすさの水準はまだ安定しない面もあります。一見、廉価ですが追加費用はないのか、建物的にも終の住処としてふさわしいのか、慎重な検討が必要とのアドバイスも言われています。

その他の高齢者向けハウジング

これ以外の高齢者の住まいや住まい方、ちょっと駆け足でご紹介します。

シニア向け分譲マンション

有料老人ホームが利用権方式、サービス付き高齢者向け住宅がシンプルな賃貸住宅であるのに対して、高齢者仕様になった分譲マンションを買って移ってしまうというものです。住

以上は、日本経済新聞2012年1月11日（朝）より

宅棟にクラブハウスなどが併設されて、さまざまなアクティビティで入居者どうしの「シニアライフ」を楽しむというのがＰＲポイントです。ダイニングでのリッチな食事のほか、常駐ナースによる定期健康診断、介護が必要な場合の介護サービスなどは完備。郊外や温泉地など保養的な土地に建てられることが多いようです。

新聞広告によれば、あるシニア向けマンションは50歳からと謳《うた》い、リッチなセミリタイア組も狙っているようです。東京駅から高速バスで50分のところ。33平米のＡタイプで１２９０万円から、70平米のＢタイプで２２９０万円から（管理費や修繕積立金は別途必要）。有名料亭が監修の朝夕の食事やその他のサービス費は、入居者の共同購入などコスト削減策で月額８万９０００円に抑えられたといいます。ただし入居時に入会金１９９万５０００円が必要とのこと。

入居時にそれまでの貯蓄１５００万円でポンとＡタイプを買い入会金も払ってしまえば、あとは年金が月額15万もあれば、コンシェルジュが常駐する優雅なマンションで、入居者とゴルフや陶芸をしたり、夜はバーラウンジで飲んだり語らったりしてゆうゆう暮らせるという次第。まあ、こういうコースを選ぶ人もいらっしゃるでしょう。広告では「所有権方式なので相続や転売も可能」と謳いますが、とはいえ高齢者ばかりの田舎のマンションを相続したり買いたい人がいるかはいささか不明です。

低所得の高齢者向け施設

リッチ層に対して、やはり世の中は、身よりがなく困窮を強いられる高齢者もいるわけで、そうした人びとへの福祉施設として、

軽費老人ホーム（食事提供＝A型、自炊＝B型）

ケアハウス

いずれも60～65歳以上向けの低廉な施設。中程度までの介護なら在宅介護利用可（重度は退所検討も）。

養護老人ホーム

困窮高齢者を市町村が入所措置する施設。戦前は「養老院」と呼ばれたもの。があります。福祉施設ですので、行政を介して入居をすることになります。高齢者へのセーフティーネットとして重要な役目がありますが、縮小・廃止の方向にあります。

グループリビング

いままで紹介してきた住まいが、事業者や行政が設置したものに入居者として住まう／住まわせてもらう、いわば「家主主導」のものであるのに対して、志をおなじくする人どうしが集まって一緒に家を建てたり家を借りたりして住みあう「入居者主導」の形態です。共同で土地を買い自分たちが理想とする建物を建てて住まう大掛かりなプロジェクトから、一軒屋や長屋を改築して共用スペース＋個室で共同生活をするものまで、さまざまなレベルやスタイルがあります。大掛かりなほうは、都市計画の視点をもったコーポラティブ住宅（コープ住宅）建設や、障がい者の共同住宅である“福祉マンションを作る会”などの高齢者版です。たんに高齢者どうしの助け合い集住にとどまらず、意識的に多様性を追求して、老若、男女、障がいの有無、国籍の違いなどを超えて共同生活をしてみる一種の市民運動的なものもあります。

リバースモーゲージ

高齢期の住宅とマネープランの一例で、自宅（土地付き）を担保に銀行から老後資金の貸し付けを得て、死亡時に担保を売却して返済するものです。都市で貯金はないが自宅と土地はある、生活のため自宅の売却を迫られる人に、住み慣れた土地と家で暮らしながら老後資金も得られるもので、東京スター銀行や信託銀行などが行なっています。都会で親から土地付きの家を相続した一人っ子の人などは、いかがでしょうか？

なりゆきグループホーム　なりゆきゲイタウン

昔から、「ゲイの老後は、グループホームを作ってみんなで暮らす」ということが言われました。ゲイの老人ホームを舞台にした映画が話題になったこともあります。いままで紹介した例からいうと、志あるゲイたちでなんらかのグループリビングのスタイルを追求するとか、事業者がゲイをターゲットにした有料老人ホームやサービス付き高齢者向け住宅を開設、運営するということが考えられます。

とはいえ、事業者がそういうマーケティングをすることは現状ではなかなか考えづらく、グループリビングも個性の強い人が集まって実現までにはなかなか困難がともないそうです（笑）。実現できても一つ屋根の下で平和共存できるかは……？

ということで、本書が提唱するのは、自分の住むマンションに空き部屋があれば友人に声をかけて転居をうながす「なりゆきグループホーム」、駅や場所を決めて近隣に集まる「なりゆきゲイタウン」構想です。ふだんはほどよい距離をもって定期的な食事会などで交流を維持、SNSのログイン履歴やツイッターで安否確認、なにかあればヘルプを出しあって駆けつける、合カギを預けあったり置き場所を教えあう……そんな互助システム。訳知りのゲイ

高島平団地ゲイタウン化構想

半分冗談、半分本気でLP研で語られるのですが、空き部屋も多いという高島平団地にみんなで住むのはどうよ、という話があります。

ここはURの運営で、古い団地のため家賃も安く、非親族のハウスシェアができるのでゲイカップルもOKです。三田線を神保町で乗り換えて新宿へも近く、イメージほど遠いところではありません。近くの大東文化大が協力して町おこし（団地おこし）のプロジェクトで学生や留学生がルームシェアで住んだり、空きテナントでカフェを開いたり、ユニークな実践が展開されています。定型的な家族以外の住み方（同性高齢2人暮らしとか）にも「優しい」地域になりそうです。

そこでたがいに住みあい、こちらも心を開いて「地域」と交流していくのは、新しい世界をつくる可能性をもってい

どうしなので部屋に踏み込まれても慌てる必要はありません（笑）。そんな助け合いメンバーが3人いればかなり心強いと思うのですが、いかがでしょう。

すでに近所にたがいに行き来する知り合いのゲイが複数いるなら、いちど紹介しあって、助け合いシステムにしていくことも一案です。

高齢者向け住宅への転居は75歳

介護が必要になった場合の住宅の問題や、現在の高齢者向け住宅の種類やトレンドを見てきましたが、高齢期に送るであろう人生は人それぞれ、千差万別です。

現在の住居で、在宅介護を導入しながら住み続けるのか？　なんらかの高齢者向け住宅へ転居するのか？　仲間となんらかのグループリビングを模索するのか？　相方がいるからいいのか？（笑）

また、老後の負担軽減のために、稼ぎどきのいま自宅を買ってしまうのか？　賃貸を続けて老後のフリーハンドの余地を残しておくのか？

第一、高齢者向け集合住宅でヘテロ老人との集団生活は自分の性《しょう》に合うのか？　シルバー期に自分のセクシュアリティはどの程度、比重を占めるのか……？

こうなると、長いセカンドステージをどこで、どう生きるのか、自分のライフプランと（そして財布と）見あわせて検討するよりないという、当たり前すぎる結論しかありません。

もちろん、そうした検討をするまえに、発病やなんらかの事態の出来《しゅったい》で要介護状態になるとか、早くも亡くなってしまうということになれば、検討をする「楽しみ」も味わえなくな

るかもしれません。料理に自信のあるゲイが、団地のテナントに入居してカフェや食事処を開いてみんなの溜まり場とするとともに、団地高齢者への配食サービスもやるなど、起業の夢もいろいろあります（笑）。

ってしまうわけですが……。

ところで、もし自宅を処分してなんらかの高齢者向け住宅に転居をするとして、その最終決断をするのは何歳ごろでしょうか？　じつは75歳といわれています。みなさんはそれまでに何年あるでしょうか？　私は本書執筆現在、45歳。**じつにあと30年あります！**　30年もあると、介護や高齢者向け住宅の制度も、トレンドも、どんどん変わります！　そもそも日本という国があるのかさえ、混沌としている現在です。

ということで、本章での当座の結論はこうです。

老後の住宅をアクセク心配するより、

いまはお金を貯める！

健康と体力の維持に努める！

そしてまずは「60代のなりたい自分」を考えるべし！

11章 終末期は書面作りが決め手

かんたんに「千の風」にはなれません

同性愛者のライフプランニングを考えてきた本書も、いよいよ終末期になりました。ヒット曲「千の風になって」は、「私のお墓のまえで泣かないでください」と、すでに亡くなったあとから話がはじまりますが、第一、だれが私をお墓に入れてくれるのでしょう。なかなかどうして、千の風になるまえにやっておかなければならないことはいくらでもあります。

終末期の財産処分権の委任　認知症その他で自分が法律上の行為能力を失っている場合、自分の介護や療養その他のために預貯金を引き出すなどの財産を処分する権限をだれかに与えるという意思表示です。権限を与える相手とともに、その具体的な内容・範囲について定める必要があります。本人の意思がハッキリしているあいだは、たとえ本人が病床から動くことができなくとも、委任状を書いて持たせるなり、銀行が本人に電話確認するなりすればいいのですが、すでに本人が継続的にハッキリしなくなった場合に備えての表明です。

終末期医療への意思表示　医療技術の発達で、脳は機能を失っているのに身体だけは「生かし」つづけることもできる時代です。もし自分がそのような情況になったときにはどうしたいのか、だれに判断を委ねるのか、終末期医療についての希望表明です。

臨終　だれに知らせてほしいのか、連絡先一覧をまとめておきます。

献体、臓器提供　これらについて希望がある人は、所定の手続きをするとともに、その意思があることを周囲の人に伝えておくことが必要です。いずれも臨終や脳死判定の直後に行なわなければならないものです。

葬儀、お墓　葬儀や埋葬をするのはあなたではありません。残された人びとがどうすればいいのか、自分の希望を書き残しておきます。

家財の片付け、死後の諸手続き、財産の処分　人ひとり亡くなると、おびただしいものが残されます。ペットだって、その一つです。それをだれに、どう分けるのか、だれにその作業を委託するのか。法律では法定相続人（親族）によって処分が行なわれることになっています。しかし、法定相続人にそうした処分が期待できない、法定相続人と連絡がとれないとなると、せっかくの財産が宙に浮くことになってしまいます。また、法定相続人ではなく、たとえば長年連れ添ったパートナーや世話になった親友に財産を残したいという場合もあるでしょう。それはどうしたらいいのでしょうか。さらに、死亡にともなって行なわなければならない手続きがさまざまあります。それらについてお願いする人を定めておく必要があります。

けっこうあるものですね。

本章ではこのうち、終末期の財産管理の委任と、遺品や遺産の処分について考えたいと思います。

自分で後見人を決めておく任意後見

本人の判断能力が継続的にハッキリしなくなった場合に、本人にかわる人が本人の財産処分を有効に代理する方法として、9章で成年後見制度をご紹介しました。親が認知症などになった場合、家庭裁判所の審判を経て成年後見人（保佐人、補助人）をつけ、その人が本人を代理したり、本人がやったことを取り消したりできる制度です。

この制度は、本人がハッキリしなくなったあとで、周囲の人が申し立て、後見人は裁判所が職権で定めることになっているので、もしかしたら本人が望まなかった人が後見人になったり、本人が望んでいなかった内容で運用がされたりする可能性もあります。そこで、本人がハッキリしているあいだにあらかじめ自分で後見人を定めたり、自分で代理権の範囲を定めておき、もし自分がハッキリしなくなったときに裁判所の審判を経てあらかじめ定めておいたように実行してもらう制度が作られました。裁判所が法律にもとづく職権で定める法定後見に対して、自分の意思で定めておけるので、これを任意後見といいます。

任意後見は本人と後見人になる人とが任意後見契約を結ぶことが必要で、その契約は公証役場において公正証書で行ないます。後見人になる人には、とくに資格制限はありません。親族でなくても、パートナーや信頼する友人などの一般人、弁護士ほかの士業の専門家、見守りサービスを提供するNPOや介護事業所などの法人でもかまいません。

終末期医療への意思表示
7章でご説明しました。

臨終時の連絡先
自分でリストを作っておくか、もしもノート・エンディングノートなどを利用するとよいでしょう。

公証役場　公証人
公証人とは、原則30年以上の実務経験を有する法律実務家のなかから法務大臣が任命する公務員で、裁判官・検察官・弁護士などのOBがなることが多いようです。公証人がいるのが公証役場で、全国に約300か所あります。その公証人によって作成された証書が公正証書で、原本は公証役場に保管されます。

公証役場ならびに公証人はさまざまな業務を行なっています。会社を設立するときの定

後見契約の中身については、後見契約を受任する人や公証人とよく相談してみます。後見人に委任できることは、財産管理をしてもらうとか、契約を結んでもらうなどの「経済行為」にかぎります。自分の介護をしてほしいなどの「事実行為」は含まれません。

よく使われる「代理権目録」のヒナガタを紹介しておきましょう（左枠）。公証役場でも、このあたりでどうですか、などと勧められることが多い内容です。

契約書には、後見人の契約をおたがいの申し出によって解除できるという取り決めも必要でしょう。

1．不動産、動産等すべての財産の管理・保存・処分等に関する一切の事項

2．金融機関、証券会社、保険会社とのすべての取引に関する一切の事項

3．定期的な収入の受領、定期的な支出を要する費用の支払いに関する一切の事項

4．生活に必要な送金、物品の購入、代金の支払いに関する一切の事項

5．医療契約、介護契約その他の福祉サービス利用契約に関する一切の事項

6．登記済権利証、預貯金通帳、株券等有価証券又はその預り証、印鑑、印鑑登録カード、各種カード、貴重な契約書類の保管及び各事項処理に必要な範囲内の使用に関する一切の事項

7．以上の各事項に関して生ずる紛争の処理に関する一切の事項（民事訴訟法第五十五条一、二項の訴訟行為、弁護士に対する上記訴訟行為の授権、公正証書の作成嘱託を含む）。

8．上記各項に関連する登記、供託の申請、税務申告、各種証明書の請求に関する一切の事項

9．複代理人の選任、事務代行者の指定

款の認証も公証役場で行ないますし、法的に漏れのない遺言も公証役場で作ることができます。公証人の認証があったり、公証役場に原本が保管されているとなれば、その文書はひじょうに信頼性の高いものと見なされ、裁判でも有力な証拠として扱われます。

作成時に必要な書類として、本人の戸籍謄本と住民票各1通、後見人になる人の住民票。また、作成料としては一件について1万1000円、そのほかに登記費用などで、全部で2万円程度の費用がかかります。

実際に本人の判断能力が不十分な状態となったときには、本人や受任者が本人の住所地を管轄する家庭裁判所に後見監督人の選任の申し立てを行ないます。後見監督人が選任されて後見契約の効力が生じます。後見人の立場を得てはじめて定期貯金の解約など財産処分を行なうことができます。有料老人ホームへ入る場合の身元引受人にも、入居費の支払いに責任の負える人ということで、なりやすいでしょう。

遺産になるものと法定相続人

いまあなたが亡くなった場合、どのようなものが遺産になるのでしょう。

不動産　土地や家屋ですね。マンションを買ったかたは、これがあります。

預貯金　いうまでもありません。

有価証券　国債や社債、株や投資信託などです。

生命保険金　自分が保険料を払って、自分の死亡によって受け取ることになる保険金は、遺産になります。

死亡退職金、弔慰金　在職中に亡くなって、会社から死亡退職金や弔慰金が出る場合があります。自分の会社の規定は調べておくといいでしょう。

家財　自動車をはじめ資産価値のあるもの・無いもの。価値がなければ、相続財産の評

任意後見は、年をとって一方の判断能力がなくなってから使う話ではありません。契約を結んだ段階で後見契約の委任者・受任者の関係となり、第三者にたいしても「私はこの人の任意後見受任者である」という法的な立場を主張することが可能になります。なにかの緊急事態で、7章で紹介した医療現場における意思表示をしていない場合でも、医療者などに「親族のかたですか？」と問われて、「いえ、親族ではありませんが、任意後見人となる予定のものです」と言えるわけです。すでに医療現場における意思表示書を作っている場合でも、任意後見契約との二本立てで迫るのはさらに効果があるかもしれません。

価額には入れる必要はありませんが、その片付けはだれかがしないといけません。ゲイテイストあふれるすばらしいコレクションから、人には言いにくいあーんなものこーんなものまで……。

ペット　分類的には家財（動産）ですが、生き物だけに、ちゃんと飼い主を見つけてあげたいですよね。

負債　借金や未払い費用です。マンションを買った人のローンもこれにあたります。

遺産は遺言など本人の特別の意思表示がなければ、これらを法定相続人が法定相続分によって相続します。いま、自分が亡くなった場合の法定相続人と法定相続分がわかるようにしておきましょう。配偶者や実子がいない私たちの場合、

＊親ときょうだいが残る場合　→親がすべてを相続する
＊きょうだいだけが残る場合　→きょうだいが均分に相続する

きょうだいが相続する場合、きょうだいのなかにすでに亡くなっている人がいて、その子（本人から見て甥姪）がいる場合は、亡くなったきょうだいの相続分をその子が均等に相続します（代襲相続）。

このように、親族が相続してくれることで問題がない人はそれでいいのですが、もし法定相続人以外のだれかに自分の財産を渡したい場合には、あらかじめ手を打っておく必要があります。

財産を渡したい相手が年下の場合には、相手と養子縁組するという方法があります。法律

養子縁組
→12章
ただし、養子の側が先に死亡した場合、相手の実親が生きていれば、養親のほかに実親にも相続権があります。

上の子になりますから、相手にすべてを相続させることができ、それ以外の人（たとえ親きょうだいでも）が入る余地がありません。

もう一つの方法は、遺言状を書いて、自分の財産を渡したい人に遺贈するという方法です。

本章では遺言状でできること、その書き方、気をつけることなどについて、まとめてみたいと思います。

遺言をライフプランニングに活用する

遺言は15歳以上なら行なうことができ、その方式は法律（民法）で決まっています。法律に定められた方法で行なわれた遺言は、第三者に対しても、法的書類として登記や名義変更などの場面で執行能力をもちます。遺言で行なえることは、

- 財産の処分の指定
- 遺言執行人の指定
- 祭祀主宰者の指定
- 子の認知（これはあまり関係ないか）

などです。

遺言の方式はいくつかあり、同性愛者のライフプランニング上、知っておきたいものとしては、自筆証書遺言と公正証書遺言があります。

検認

遺言書が真正であることを家庭裁判所が確認し、証拠として保全することを目的とする手続き。遺言の中身が適法かどうかを判定するものではありません。

故人の住所地を管轄する家庭裁判所に申し立てます。申立書のほか故人、法定相続人、受遺者の戸籍謄本などが必要です。裁判所から法定相続人全員に検認の通知が行き、この通知によりすべての相続人に本人の死亡と相続の開始が知らされることになります。

検認は裁判所が指定する日時（申し立ての約1か月後）に、

◎自筆証書遺言

全文を自分で手書きし、日付、氏名を添えて押印します。用紙などはとくに規定があるわけではなく、ともかく全文、自筆で書いてあることが必要で、パソコンで作成して署名だけ自筆などでは不可です。押印がないもの、日付が無かったり不明なもの（年がなく月日だけや、○月吉日など）は無効です。自筆の途中、書き間違えたときは修正液などでの修正は不可で、二重線で消して書き加え、欄外に○字削除×字添加などと表示しますが、メンドウなのでむしろ全文書き直したほうがいいでしょう。

遺言の中身が明瞭で、法律的にも有効なものでなければいけません。解釈が分かれたりどの人・どのものを指しているのか不明、法律的には意味のない内容（みんな仲良く暮らしてください、など）はダメです。文案を作ったら、一度、法律家に見てもらうのも一法です。

自筆証書遺言は、本人の死亡後、家庭裁判所で開封・検認を受ける必要があります。家裁の検認を得て、登記や名義変更の場面で執行力を有します。

◎公正証書遺言

公証役場で専門の公証人さんに口述して証書にしてもらう遺言状です。作成手数料のほか、相続財産の価額による手数料も加算されます。病床から公証役場に出向けない場合に出張してもらうこともできますが、日当などが必要です。

作成のさいは証人2人も必要。「口述」が要件で従来、話せない人は対応できませんでしたが、現在は手話通訳を介して作成することができます。作成した遺言の原本は公証役場で保管されデータベースに登録、本人には謄本が交付されます。

手数料もかかり作成が少し大変なのですが、専門家が作成した遺言状なので証拠能力が

相続人全員の立ちあいのもとで行なわれます。出席できない相続人には、裁判所から検認結果が通知されます。

公正証書遺言を作成する場合の手数料

（目的財産の価額）	（手数料の額）
１００万円まで	５０００円
２００万円まで	７０００円
５００万円まで	１１０００円
１０００万円まで	１７０００円
３０００万円まで	２３０００円
５０００万円まで	２９０００円
１億円まで	４３０００円

（１億円を超える部分については省略）

具体的な手数料の算出方式

１　財産の相続または遺贈を受ける人ごとにその財産の価額を算出し、それごとに手数料額を求め、合算して当該遺言書全体の手数料を算出する。

高く、家裁での検認が不要です。そのまま登記や名義変更に使えます。

法定相続人（親族）を集めて検認の手続きが必要だが、自分で書けて（無料）、日付の新しいものが優先するので事情が変われば何度でも書き直すことができる自筆証書遺言。

証拠能力が高く検認も不要で紛失の怖れもないが、料金や証人が必要な公正証書遺言。

それぞれの長所を踏まえて選択されたらいいと思います。同性愛者のライフプランを考える本書では、本人が日ごろから自分の財産処分についても方針をもち、おりおりに自筆証書遺言を更新しつつ、あわせてそれを託す人（パートナーや親友、法律家などの専門家）との関係を大事にしていくことをお勧めします。

遺言状作りで気をつけること

自筆証書遺言をつくるさいの全文自筆、日付と署名押印といった注意点以外に、つぎのような留意点があります。

◎受遺者とよくよく相談する

本書で解説する遺言は、遺贈される相手（受遺者）との了解のうえに作成されることを前提としています。まず受遺者と内容についてよく打ち合わせることが大事です。また、遺言は自分の死後にそれを発見し、法定相続人に連絡して検認の手続きに協力してもらったり（自筆証書の場合）、公証役場と連絡してもらう（公正証書の場合）などの作業が必要です。あとの作業

---

2 全体の財産が1億円未満のときは、算出された手数料額に、1万1000円を遺言加算する。

3 遺言書の作成に必要な用紙代（1枚250円）。

4 公証人が、病院、自宅、老人ホーム等に赴いて公正証書を作成する場合には、1の手数料の5割加算と往復交通費、日当が必要。

受遺者と打ち合わせ
遺言は本人の死亡によって有効となる単独行為で、あらかじめ相手の承諾は不要ですが、私たちのライフプランニング上は、遺言は受遺者との契約に近いものと考えて、相手とよく相談して作成するのがよいでしょう。

まで含めて、受遺者とよく相談してください。

◎遺留分の知識をもつ

遺言は、本人が自由意志にもとづいて自由な内容で行なうことができます。しかし、民法には理不尽な遺言から法定相続人を保護するためという趣旨で、遺留分の制度が設けられています。たとえすべてを誰かに遺贈しても、特定の法定相続人には何分の1かが取りのけられてある（もらう権利がある）というものです。

私たちの場合、未離婚の配偶者や実子がいない前提で、もし自分の死亡時に存命の親がいる場合には、たとえすべてをパートナーに遺贈しても、親には3分の1の遺留分の権利があります。なので、受遺者にそのことを理解してもらったり、遺留分権利者（親）が存命なら、遺言について説明し、遺留分の請求をしないよう頼んでおくことも必要です。

親はすでに亡く、きょうだいしかいない場合には、きょうだいには遺留分請求権はないので、遺言通りの執行が可能です。

◎受遺者と親族との紛争を予防する

たとえば遺言でパートナーにすべてを包括遺贈したとすると、法定相続人である親族はいろいろ納得がいかない思いがし、紛争が生じるおそれもあります。この遺言状はニセモノではないか、あるいはたしかに本人の手書きで押印もしているが、本人が受遺者（遺贈を受ける人）にだまされて（詐偽）あるいは無理矢理（強迫）書かされたものではないか……などなど。

こうした場合、受遺者と自分との関係、なぜこうした遺言をするのか、などの「思い」の部分を本文とは別に「付言」というかたちで付けて、関係者に説得力をもたせることも一法です（それも狂言だと言われれば審判や裁判となりますが）。また、本人の死亡後、突然、遺言状が出

廃除

遺留分をあらかじめ放棄してもらうことは、遺留分権利者の自由意志への干渉になるので、できないことになっています。あくまでお願いし、せいぜい内諾を得ておくのが限度です。ただし、家裁の審判を経て遺留分権利者を相続人から「廃除」することはできます（虐待されたなど、相当の理由が必要）。きょうだいには遺留分はなく遺言が優先するので、あえて廃除をする必要はありません。

突然遺言が出てくる

いわゆる犬神家の一族状態で、突然出てきた遺言に思いもよらない人へ遺産を与える内容が書いてあれば、肉親は「タマヨさん、これがどういうことだかわかってらっしゃるの！」と怒るでしょうし、松子夫人も「スケキヨ、やっ

てくるのではなく、そのとき関係者となる人びとに、カミングアウトとまでいかなくても、あらかじめ意向を伝えておく努力が大切です。

◎確実な執行のために遺言執行者を選ぶ

遺言は受遺者（パートナーなど）によって執行されますが、受遺者も基本はシロウト、検認手続きなどについてよくわからない場合もあります。さらに親族（法定相続人）以外の人へ財産を渡そうというのですから、親族と揉めることもあるでしょう。なので法定の手続きをとったり親族とわたりあってもらうために専門家を遺言執行者として指定し、委任しておくのも一法です。弁護士、司法書士、行政書士など、法務の専門家がよいでしょう。遺言執行者の指定やその報酬についての取り決めも、遺言のなかで行なうことができます。

このようなことを踏まえて、自筆証書遺言の文例をこのあとのコラムでご紹介してみましたので、ぜひご覧ください。

「その日」に備えるその他の準備

最後に、献体、臓器提供、葬儀とお墓について、駆け足でご紹介します。

◎献体と臓器提供

献体の意思があるかたは、自分が献体をしたい大学の医学部（移送のことからも最寄りの大学がよい）などへ問い合わせ、登録等を行なってください。死亡後、移送され医学教育に資したあ

てをしまい」ぐらいのことは言いだして、血の雨が降りかねません。コワいコワい……。

死後事務委任契約

専門家によっては、遺言とは別に死後事務委任契約を相手と結び、自分が亡くなった後の身の回りの手続き（葬儀・家の片付け・行政官庁等への諸届事務）やお金の支払いなどを委任することを勧める人もいます。遺言が一方的な意思表示であるのに対し、死後事務委任契約は双方の契約だから別に作ったほうがいい、ということですが、私たちが遺言を作る場合は相手と打ち合わせて作ることが前提であり、また包括遺贈の受遺者は包括承継人の立場に異ならず、本書では死後事務は遺言の受遺者がやって問題なく、別に委任契約を交わす必要はないと考えています。

もちろん、死後事務の執行を条件に遺産を渡す「負担付き

と、2年程度で遺骨にして戻されます。パートナーなど身近にいる人だけでなく、連絡のとれる肉親にはすべて理解を得ておく必要があります。お骨の戻り先についても合意をしておくことも必要です。

臓器提供は、ドナーカードなどによる意思表示が前提ですが、これも献体と同様、すべての関係者の同意が得られないと行なわれません。脳死状態という周囲の人も混乱したなかで行なわれることですから、意思のある人は日ごろから周囲の人の理解を得る必要があります。

◎葬儀とお墓

肉親のかたが遺骨を引き取り、家代々のお墓があればそちらへ納骨するという場合もあります。しかし、家のお墓に入りたくない、パートナーとお墓に入りたい、お墓ではなく散骨などを希望する、ということもあります。

パートナーや友人たちに葬儀をしてもらいたい、親族主導で葬儀やお墓を決められたくない場合には、パートナーなどを祭祀承継者に遺言で指定しておくとよいでしょう。葬儀やお墓の決定権、遺骨についての処分権限を持たせることができます。

お墓を買うことについては、墓苑は子どもなどお墓の承継者がいない私たちの場合、購入は難しいでしょう。自分で土地を買って勝手にお墓にすることは、墓埋法によって禁じられています。

家族形態の多様化にともない、現在流行（?）なのは、寺院等の永代供養墓・合祀墓です。納骨堂・位牌堂形式で、寺院が供養を続けてくれます。生前に申込み、寺院の法話会や写経会など宗教的活動に参加することもできます。新聞広告でみる範囲では、60～80万円程度が多いよう。寺院等の運営による合祀墓以外に、NPO等による無宗教形式のものもあります

遺贈」のかたちで遺言を作ることもできます。本章コラムの文例8をご参照ください。

遺贈は登記まですみやかに行なうこと（発展）

遺言で他に注意することとして、遺言による特定遺贈と法定相続とは二重譲渡の対抗関係にあり、不動産の物権変動は登記の先後で決着がつけられます。遺言で不動産を遺贈された場合は、遺言状があるといっても安心せず、すみやかに検認手続きを受け、不動産登記の名義変更も行なわなければ第三者（相手方親族やその他）に対抗できません（最判昭39・3・6）。なお、包括遺贈の場合、受遺者の地位は包括承継人たる相続人の地位に異ならず、登記がなくても第三者に対抗できるとされています（大判昭9・9・29）。

（シングル女性のためのお墓とか、一種の市民運動的色彩があります。施設は無宗教ですが、個々人の礼拝等は自由です）。

都立霊園でも合祀墓（合葬埋蔵施設）が小平霊園にあり、一体6万1000円か9万6000円で、人気も高いようです（毎年1度募集、抽選）。

LGBT向けの合祀墓ができたら、みなさんは入ってみたいですか？（笑）

最近は葬儀社やお墓、合祀墓・納骨堂の広告が多く、事前セミナーや相談を呼びかけるものも見られます。

合葬埋蔵施設
この料金の違いは、納骨時に合葬してしまうか、20年間は骨壺単位で安置し（そのかんは遺骨の取り戻しもできる）、その後で合葬するかの違いです。
私の郷里の市営墓地にもこの種の施設ができていました。納骨料は1万円だそうです（安い！）。

【コラム】

明るく書こう、遺言書！

●すべてを遺贈したい（文例１）

遺言書

遺言者は、遺言者の有する一切の財産を、新宿四郎（東京都新宿区新宿１丁目２番３号・１９７０年１月１日生）に包括して遺贈する。

２０××年７月７日
住　所　東京都中野区中野１丁目２番３号
遺言者　中野太郎　印

遺言者とは本人のこと。遺贈と相続という言葉の違いがあります。法定相続人のなかで、遺言者が配分などを定めるときは「相続させる」と言い、法定相続人以外に相続させるときは「遺贈する」という表現を使います。遺贈を受ける人（受遺者）は、住所や生年月日をいっしょに表記して人違いのないようにします。

自分の財産一切を渡すときは、「包括して」と書きます。これで本人所有のものはすべて、借金（マイナスの財産）まで含めて受遺者に渡ることになります。受遺者は、中身を調べてプラスの財産より借金のほうが多ければ、相続放棄の手続きをすればかまいません。

【登場人物】
中野太郎……本人、遺言者
新宿四郎……中野太郎のパートナー
中野次郎……本人の次弟
中野三郎……本人の三弟
練馬六郎……本人の親友
豊島五郎……遺言執行者として本人が委任をしている行政書士
ミッキー……本人の愛犬

●財産ごとに相続させる人を指定したい（文例２）

遺 言 書

第１条　遺言者は、遺言者の所有する下記の不動産を、新宿四郎（東京都新宿区新宿１丁目２番３号・１９７０年４月４日生）に遺贈する。

記

ライフプランマンション１０１号室
東京都中野区中野１丁目２番３号
居宅部分　１０１号室　44.78平方メートル
敷地部分　１０００００分の３２８

第２条　遺言者は、杉並銀行に対する遺言者名義の下記預金債権を、中野次郎（神奈川県横浜市南区花之木町１丁目２番３号、１９６３年２月２日生まれ）に相続させる。

記

(1) 普通預金
記号　１２３４５
番号　１１２２３３４４
(2) 定期預金
記号　１２３５６
番号　１１１２２２３３

第３条　遺言者は、前２条記載の財産を除く遺言者の有する一切の財産を、中野三郎（大阪府大阪市北区梅田１丁目２番３号、１９６５年３月３日生まれ）に相続させる。

２０××年７月７日
住　所　東京都中野区中野１丁目２番３号
遺言者　中野太郎　印

財産を複数の人にふり分けて渡したい場合の文例です。「遺贈する」と「相続させる」の違いは文例１で説明のとおりです。弟（法定相続人）なので相続させると書きました。

文例２のポイントは、財産が特定できるようにすること。不動産は登記簿の表記どおりに、預貯金などは通帳番号や証書の番号を正確に記載してください。

●遺言執行者の指定と報酬の取り決め（文例3）

第○条　遺言者は、この遺言の遺言執行者として下記の者を指定する。
　　東京都豊島区池袋１丁目２番３号
　　行政書士　豊島五郎（登録番号××××××、１９６８年5月5日生まれ）
第○条　遺言執行者に対する報酬は、金３０万円とする。執行報酬については、遺言者の有する預貯金から優先的に支出するものとする。

遺言は、おそらく受遺者によって執行されますが、受遺者も基本はシロウト、よくわからない場合もあります。さらに親族（法定相続人）以外の人へ財産を渡そうというのですから、親族と揉めることもあるでしょう。なので、専門家を遺言執行者として指定しておくのも一法です。

なお、専門家でなくとも、受遺者や、複数いる場合の主要な受遺者を執行者にしても、もちろんかまいません。

また、報酬30万円は架空の数字です。報酬額や執行業務の内容については、当該専門家と相談のうえ取り決めてください。

●お葬式の主宰者や、お骨・お墓の責任者の指定（文例４）

第○条　遺言者は、遺言者の祭祀を主宰すべき者として新宿四郎を指定する。

祭祀主宰者を指定することで、親族に優先して、お葬式の主宰者や、お墓について今後の遺骨の保管権限のある人を明確にすることができます。

●生命保険の受取人の変更（文例５）

第○条　遺言者を保険契約者及び被保険者とするライフプラン生命保険相互会社の生命保険契約（証書番号××××××××、取扱者◇◇◇◇、連絡先△△△△）については、その生命保険金の受取人が遺言者本人となっているので、新宿四郎を受取人に変更する。

保険契約は、本人や２親等以内の親族を受け取り人にするものに限られます。それ以外の人に保険金を受け取らせたい場合は、遺言でその変更を指定します。親族のだれか（きょうだいなど）を受け取り人にして契約した場合、その人にも説明して紛争を防止する必要があります。

●寄付などの指定（文例6）

第○条　遺言者は、遺言者の有する預貯金の中から、金１００万円を特定非営利活動法人にじ色ライフプランニング情報センター（東京都中野区沼袋２丁目１２番２号、東京都認証番号×××××）に遺贈する。

遺言では、こうした指定をすることもできます。

●付言の例（文例7）

私とパートナー新宿四郎は、２０××年８月の深夜、新宿区のひまわり公園において出会い、それを機縁として交際を始めました。愛情を深め、苦楽をともにし、ついに互いに互いを生涯のパートナーと定めるに至りました。現在、わが国には同性間での婚姻制度がないため、この遺言書を作成しました。私の死後、私の遺産を彼に与え、彼の生活の資とするとともに、私の彼への感謝と愛情のしるしとしたいと思います。私の親族一同は、私の意思を了解し、この遺言書に従い、わがパートナー新宿四郎に最大限の配慮をするように希望します。

遺言状に信頼性をもたせ、受遺者と親族（法定相続人）との紛争を予防するための付言の例です。

本当にありがとう。あなたのことは忘れない

●負担付き遺贈の遺言書の例（文例８）

遺 言 書

第１条　遺言者は、遺言者の有する預貯金その他一切の財産を、練馬六郎（東京都練馬区練馬１丁目２番３号・１９７５年６月６日生）に包括して遺贈する。

第２条　受遺者は、この遺贈の負担として、遺言者が飼育している愛犬ミッキーを引き取り飼育するものとする。ただし、やむをえない事情のため飼育が困難な場合は、大切に飼育してくれる人を責任もって探すものとする。

２　受遺者は、この遺贈の負担として、遺言者が居住しているアパートの賃貸借契約の解約、アパート内の動産の廃棄処分等、遺言者の死亡後の手続き一切を行なうものとする。

第３条　遺言者は、遺言者の祭祀を主宰すべき者として、練馬六郎を指定する。

第４条　遺言者は、この遺言の遺言執行者として、次の者を指定する。

東京都豊島区池袋１丁目２番３号

行政書士　豊島五郎（登録番号××××××、１９６８年５月５日生まれ）

２　遺言執行者に対する報酬は、金３０万円とする。執行報酬については、遺言者の有する預貯金から優先的に支出するものとする。

付言　私には兄弟姉妹は一切いません。甥や姪もいません。家族は愛犬ミッキーだけです。恐らく、ミッキーが私より長生きすると思います。私が死んだ後のミッキーのことだけが気掛かりです。練馬君と豊島先生にはご面倒をお掛けしますがよろしくお願いします。そして、私の葬儀は無理にする必要はありません。また、遺骨は無縁仏でも構いません。ミッキー、ありがとう、長生きしてください。

２０××年７月７日

住　所　東京都中野区中野１丁目２番３号

遺言者　中野太郎　印

友人に、ペットの世話という負担と引き換えに、自分の財産を遺贈する旨の文案例です。受遺者と打ち合わせて作成し、親族への対抗などもあらかじめ相談しておきます（文案では親族がいないことにしてありますが）。葬儀の有無などの希望は、遺言による法律行為ではないので、本文ではなく付言に書きました。

12章 ライフプランニングを同性カップルの視点で読み直す

同性カップルが考えておくこと

これまで本書では、同性愛者のライフプランニングにかかわるさまざまな場面を考えてきましたが、自分ひとりが考えて決断すればいい場面もあれば、だれかの協力がなければできない場面もあります。

最後にいままでお話ししてきたライフプランニング上の要点を、同性パートナーといっしょに暮らす視点で、あらためて整理してみたいと思います。

特定のだれかと同居し、いわば異性カップルの結婚に準じたスタイルで暮らしている場合、つぎのような場面でいろいろ課題が生じるのではないでしょうか。

◎住まいや財の共有

住宅に同居する場合、2人のあいだでの住宅に対する権利・義務や第三者（家主や住宅ローンの債権者など）との関係について、明確にしておく必要があるでしょう。

賃貸であれば、両人間での家賃負担や名義人・同居人・賃貸人間の関係について、購入であれば両人間でのローンの分担や所有権などについてです。同居や共同生活を解消する場合に、いろいろトラブルになることもありえます。同居の開始にあたっては話しあいをし、できればそれを文書にしておくことをお勧めします。

財産の共同使用をめぐる問題は、自動車についても考えられます。

◎発病時対応と医療代理権

法的な家族や肉親ではないことから、個人情報保護を理由に救急や医療者からパートナーが本人についての情報提供を拒まれる場合があります。発病時などにたがいに連絡を呼び込めるよう緊急連絡先カードを携帯しあったり、会社などに提出してある緊急連絡先について見直します。同時に、その先への情報伝達——たとえば自分の実家の連絡先など——についても共有しておきます。医療者に対する意思の表明としては、「医療における私の意思表示書」の作成を検討します。

自身の終末期医療について希望がある人も、同様です。

◎生命保険

2親等以内ではない人を受取人にする生命保険契約は、かんぽ生命を除いて受け付けられないのが現状です。しかし、万一の場合に、相手に保険金というかたちでお金を渡す必要があるのかなどをふまえて、生命保険の加入の必要性については検討します。保険金の受取人

くわしくは5章をご参照ください。

くわしくは7章をご参照ください。

を遺言で変更できることも知っておきます。

◎看護と介護

発病時における身上監護（看護など）について、相手の肉親や、あるいは病院から拒まれる場合に備えては、前述の医療における意思表示書で身上監護の権限をパートナーにきちんと付与して、自身の意思を表明しておきます。

介護などの場面では、現に生活上の世話をしている人が介護保険の申請などをしてもさしつかえありませんし、肉親でなければできないということはありません。ただ、介護施設などへ入居のさいに、費用の支払いや身元の引き受けなどで責任を負えるのかなどが問われると思われます。任意後見契約を結び、本人の判断能力が衰えた場合には費用の支払いなどに責任を負える立場にあることを示すなどが大切だと思われます。

なお、相手の介護のために介護休業をとることは、配偶者等ではないため難しいと思われます。

◎財産の移譲

遺言状を作ることで、自分の死後、財産を相手に遺贈することができ、適法な遺言はその内容について法的拘束力をもたせられます。税金の適用についても、贈与税ではなく、相続税が適用になります。

任意後見契約
↓11章

遺言
↓11章

◎死後の事務

死後の家財の片付けや本人の死亡にともなう諸手続きは、遺言で自己の財産等をすべて遺贈することで、受遺者が本人の包括承継人として家財の処分や手続きにあたることができます。家財の片付け等の負担と引き換えに遺贈をする負担付き遺贈のかたちで遺言を作成してもよいでしょう。遺言では遺言執行者、祭祀承継者の指定もできます。

そのほか自己の死去にさいして希望がある場合は、その希望を書面などにしておくとともに、その実行にあたってもらう人（パートナー）とよく打ち合わせておきます。

親族など「そのとき関係者となる人びと」にもあらかじめ説明し、理解を得ておくことが、残されたパートナーを困難に陥らせないためにも大切です。

◎任意後見制度

自己の判断能力が衰えて、今後、判断ができなくなるおそれがあると思われるときは、パートナーと任意後見契約を結び、代理権の範囲についても打ち合わせておきます。自己の判断能力が失われたときなどに、自己の財産管理権限をパートナーに与えることができます。

後見について自分で決めておくまえに自分の判断能力が衰えた場合は、法律に定める親族などが後見開始の審判を申し立てられますが、この法定後見の場合、裁判所が職権で定める後見人にパートナーがなれるかはわかりません。そのためにも、自分で後見人を決めておける任意後見制度への理解と活用が必要です。

これらの場面では、両人間で合意しておけばいい場合もあれば、第三者への対抗を想定して意思を書面で外部に表示しておいたほうがいい場合もあります。現代は自己決定が尊重される時代です。たとえ「家族」でなくとも本人が「この人に」と主張すれば、第三者はそれを尊重してくれるでしょう。

問題は、あなた自身の意思が確かめられないときです。たとえ長年連れ添ったパートナーが「私は任されています」「本人にはこうするのが一番いいと思います」と言っても、本人の意思が確かめられないなか、「家族ではない人」の言葉は容易には信頼してもらえません（家族だからといって信頼していいわけではありませんが、まだまだ家族中心主義は健在でしょう）。

それだけに自分の意思が表明できない場合に備えて、あらかじめなんらかの意思を書面などで表明しておくことが大事だと思われるのです。

本書では、同性愛者のライフプランニングに即してつぎの書面を作ることをお勧めしたいと思います。

緊急連絡先カード

同性愛者のライフプランニング対策、そのはじめの一歩です。

医療における意思表示書

遺　言

発病や死はいつあるかわかりません。特定のだれかに託したり渡したりしたい場合には、なるべく早く作成しておいたほうがいいと思います。

任意後見契約

本人が70歳ぐらいになって、判断能力の衰えが気になる場合、作成を検討します。

任意後見の検討年代として70歳と書きましたが、高齢期になると、とかくこうした書面作りが億劫になるのも事実です。後見人として委任したいと思える人ができたとき（それはえてして遺言や医療決定権委任の相手でもあるでしょう）、遺言状などと同時に作成しておくこともよいと思います。また、後見が発効前でも、後見人への就任予定者として、それなりの法的立場を主張する根拠にできるかもしれません。

必要に応じて。

住居にかんする合意書

医療における意思表示書は自分で作成したり、遺言も自筆証書遺言として自分で作成することができますが、第三者への対抗力（や信頼性）をより強めるため、公証役場で公正証書で作成してもらうとか、弁護士や書士など専門家に作成してもらうこともできます。

パートナーと養子縁組をする

最後に、養子縁組についても少し考えてみます。

養子縁組をして法律上の親子になってしまうと、それまで「親族」の壁にはばまれてできなかったことがいろいろクリアできます。たとえば、

・税金や社会保険において家族として取り扱われ、一方に収入がない場合、扶養家族として税金の扶養控除を受けたり自分の会社の健康保険を利用させたり、自分が死んでも厚生年金から遺族年金などを受給させることができる。
・「家族（親族）」を条件とするサービスや商品を購入することができる。すなわち、生命保険金の受取人に指定できたり、携帯電話その他の家族割り引きサービスなどを購入（申し込み）できる。公営住宅への申し込みも受理されるし、民間賃貸住宅への同居もスムーズ

に契約できる。住宅ローンの共同ローンも組める可能性が高い。

・多くの場面で、保護者として、あるいは意志決定の代行者として見なされる。すなわち、医療現場での看護や病状説明での同席などに医療者の理解が得られやすい。ただし、法律行為（財産処分や契約など）は家族（親子）だからといって勝手にできるわけではない。

・一方が死亡した場合、法的な親族として相続が発生する。すなわち、遺言がなく突然亡くなることがあっても、法定相続人となれる。

双方が成年であれば、自由に養子縁組できます。養子が未成年者である場合は、家庭裁判所の許可が必要であり、養親はかならず成人（20歳以上）であることが必要です。年上を養子とすることはできません。養子となると養親の氏を称します。自分のいまの戸籍から抜かれて養親の戸籍に入り、名字が変わります。パスポートや健康保険証、銀行その他の届出など、さまざまな公私にわたる書類・届出の名義変更を余儀なくされます。

養子縁組をするには、必要書類を揃えて役場の戸籍窓口で養子縁組の届出をします。また、成人2人の証人が必要です。頼める人を探しておきましょう。届は、不備がないかぎり役所は受理しなければなりませんが、近年、養子縁組が悪用される事例があり、窓口で確認するよう法務省が通達したり、窓口での確認を義務づける条例を定めた自治体もあります。

養子縁組を解消するときは、離縁ができます。離縁について話しあいがこじれた場合は、家庭裁判所に申し立てて調停を行なうこともできます。

さまざまなことが、法律上の親子ということでクリアされるのが養子縁組の「メリット」で、同性婚制度がない日本で、一種のバイパスもしくは緊急避難策として養子縁組が利用さ

必要書類

養子縁組届
届出人の印鑑
それぞれの戸籍謄本（住んでいるところ以外に本籍がある場合）
未成年者を養子とする場合は家庭裁判所の許可書の謄本
本人を確認できるもの

養子縁組のデメリット

同性愛者コミュニティでも、そもそも対等であるべきパートナーシップに親子というタテの関係を持ち込む養子縁組はおかしい、という原則的な意見もあり、「安易」に養子縁組をすることへの抵抗感もなきにしもあらずです。

さらに現民法は、養親子の関係にあったものは離縁後も婚姻することができないと規定しています（民法736条）。遠い将来、日本に

れてきたのは事実です。とはいえ、本来の目的（親子関係の創出）とは別の目的で制度を使うことが、いざというときに争いとなる可能性は、皆無とはいえません。たとえば、養親が亡くなった場合、養子にはすべての相続権がありますが、養親側の親族とトラブルにならないとも限りません。養子縁組していたことを伝えていなければ、なおさらです。また、生命保険金の支払い時に保険会社が疑いをもつ可能性も、なきにしもあらずです（担当者に事前に説明しておくといいかもしれません）。

養子縁組は有力なツールですが、こうした点も踏まえて検討されたらいいと思います。

朝日新聞
防止策盛る暴排条例案提出
偽装縁組「水際阻止」へ
窓口の確認厳格化
豊島区

養子縁組をめぐる動き

日本は養子縁組が世界でも例外的に簡単に行なえる国ですが、近年、暴力団等が多重債務者の名字変更などに悪用してさらに借金を背負わせるなどの事例が散見されるようになりました。法務省でも「養親と養子に年齢差がない」「短期間に養子縁組をくり返している」など、「不審なケース」がないか全国実態調査を指示したことがあります。

また、東京の豊島区は虚偽の養子縁組を防止する措置などを盛り込んだ「豊島区暴力団排除条例」を制定し（2012年1月）、戸籍窓口で届出者全員に質問することを義務づけたり、虚偽の届出と疑われる場合は法務局や警察に照会できることを定めています。

今後、同性パートナーシップの保障のために養子縁組の届出をする場合、窓口で質問されたり、ときには当方の事情を説明したほうがよい場合があるかもしれません。

もしも同性婚の制度ができたとき、養親子関係にあったことはネックとなる、と考える人もいます。（もっとも、本当に同性婚制度が成立したときには、移行措置のようなものも合わせて規定されるとは思います。）

あとがき

なぜ同性愛者のライフプランニングや老後の問題に関心があるのかを振り返ると、ある思い出に行き当たります。

私は90年代リブといわれた時代をあるゲイサークルで過ごし、そこで自身のゲイネス（ゲイであること）を受け入れていきました。そのサークルがやっていたことは、自分のライフヒストリーを振り返る、いま言うところのピアグループミーティングでした。ゲイだと気づいて間もない若いメンバーがおもな参加者でしたが、その年長版に「社会人ミーティング」というものがあり、私などが参加したのはそちらでした。

社会人ミーティングは、ゲイであることは受け入れている、ではこれからどう生きていくのかを探る、いわば「それからのライフヒストリー」を語る場で、会社でのサバイバル戦略や親とのつきあい方、自身の中年期や老後を考え、その過程で年金や税制、不動産購入や介護などについて勉強会をしたものです。

サークルがそうした場を設けたのには、多忙で活動にかかわりにくい社会人メンバーの居場所を作り、会費を払ってもらうモチベーションを維持させる経営戦略もあったでしょうが、私たち自身も、そこで「ゲイのリアルを見つけたい」「等身大の自分をつかみたい」という思いがありました。

なるほど、その団体は東京都を相手に裁判をやったりしていたので、外からは攻撃性バリバリのコワいゲイリブ団体と見られていたでしょうが、それは活動のごく一部、しょせん「抗議業」だと私たちは思っていましたし、そんなことでかんたんに日本社会が変わるとは、当の私たち自身が信じていませんでした。「抗議」の目的はむしろメディアに露出し、全国のどこかにいるおなじ仲間に私たちの存在を伝えることだったかもしれません（ネット以前の時代です）。アクションでメディアを引きつけ、でもメディアに出たとき――裁判の記者会見や集会では、スーツを着てネクタイを締め、自分たちは「市民社会内部の人間」であることをいつも演じていました。都とも教育庁とは裁判しながら、福祉局とはエイズで協働し、立ち技・寝技の使い分けは知っているつもりでした。そういうことも見ず、繁華街などで「裁判ですってよ。コワいわね～」「ああやって社会に噛みついてばかりじゃダメよ」などの批判をしている人には、「そういうトロい人はもう置いていきましょう」と思っていたものです。

むしろ、「一朝一夕に日本が変わることはない、そのなかで自分たちは不幸な状態から、たとえ幸福でなくとも、せめてプラマイゼロにこぎつけたい、それにはなにを知りどうすればいいのか」という冷徹な現実感覚があり、それが社会人ミーティングを持続させた理由でしょう。「自分が自分らしく生きられる社会」などはあくまで外向けのメッセージであり、たとえ社会が同性愛者に親和的でなくても、せめて自分で自分が不幸でないように生き抜く道を探す・作ることこそが必要だというリアル感覚は、いま思うと20代から30代はじめの若造にしてはしたたかで、ホントに腹黒かったと思います。年をとることから目を逸《そ》らせたハッピーゲイライフとか、大きなイベントとか、メディアで喧伝される〈ゲイマーケット〉など、非リアルな事象にも浮き足立ったり過度な期待はもたないタヌキの集団でした。

私はそれ以来、20年近く「社会人ミーティング」をやり続けているのかもしれません。時の流れのなかでそのサークルからは離れましたが、私の基礎を作ってくれたことにいまでも感謝しています。

＊

キラキラはせずとも地道に生きる同性愛者のための、いま使える道具と具体的なノウハウ――。この20年、社会人ミーティングやフリーランスになってからの雑誌『にじ』の刊行、さまざまな執筆や編集のなかで蓄積してきたことの、本書はいちおうの中間報告です。

いま全編を通読して思うのは、私はここで同性愛者のライフイベント、人生の春夏秋冬の「型」を作ろうと思ったのではないかということです。1章にも述べましたが、通常の意味で家族をもたず子育てをしない同性愛者は、なにでもってその人生の空隙《くうげき》を埋めていくのか。過度の労働、アルコール、過剰なセックス、薬物……そうしたもので埋めあわせようとするところに、うつや依存症、HIV感染など、ゲイの悲劇は再生産されつづけています。型というものについて、歌舞伎の市川猿之助丈は、身を型に押し込む厳しい修業を経てこそはじめて型に入り切らない自分の本当の個性が見えてくる。それが「型破り」だ。型の習得を怠っていては、自由に見えてもしょせん「型無し」に過ぎない、と弟子たちに諭《さと》すそうです。古典芸能や職人芸の世界ではよく言われることかもしれませんが、親の生き方がモデルケースにならない性的マイノリティだからこそ、なおさら「人生の型」への希求は切実なのかもしれません。

本書のもととなる同性愛者のためのライフプランニング研究会を2年にわたり開催させていただいたaktaさん、ご参加いただき市井に生きる同性愛者の声をいろいろ届けてくださったみなさん、熱心な参加者としてご自身のブログ〈イカニモ会計事務所〉に参加報告を書きつづけ、さらにすてきなイラストをご提供くださったキャミーさん、そして本書の刊行に期待し励ましてくださったすべてのみなさんに、この場を借りてお礼を申し上げます。

そして最後に、ゲイのライフプランニングを全うすることなく、世間的には若いとされる年齢で早々にこの世を辞していった何人かの友人の御霊に、この本を捧げたいと思います。

2012年3月　花粉症に悩みつつ

永易至文

【著者紹介】

永易至文（ながやす・しぶん）

フリーランス編集者・ライター、ライフプランニング研究家、２級フィナンシャルプランニング技能士。

1966年、愛媛県生まれ。上京後、1988年ごろよりゲイのコミュニティ活動にかかわり始める。大学卒業後、出版社勤務を経て、2001年、フリーランス編集者。自身の仕事の足場として有限会社にじ書房を設立、同性愛者のライフスタイル創造マガジン『にじ』(季刊) を創刊。『にじ』終刊ならびににじ書房解散後は、ゲイコミュニティ活動やHIV/エイズに関する記事を一般紙誌やゲイ雑誌に執筆したり、NPO等の冊子編集などに従事。

近年は、同性愛者のライフプランニングに関する情報提供やワークショップに力を入れている。また、毎週木曜日に新宿３丁目のバー「タックスノット」でスタッフとして入店中。

趣味は古典劇（能楽、歌舞伎）鑑賞、中国語学習、日本泳法。


本書へのご質問やご意見、訂正情報をぜひお寄せください。メールは下記に。

みなさまのブログやツイッターなどで、本書をご紹介たまわれば幸甚です。

サークルやイベントでの委託販売もぜひ、お声をおかけください。一定部数をお預けのうえ実売数に応じて販売手数料をお支払いし、活動費・運営費などに役立てていただくものです（売れ残りはどうぞご返品ください）。

にじ色ライフプランニング入門
――ゲイのＦＰが語る〈暮らし・お金・老後〉

2012年4月20日　初版1刷発行

著者　永易至文
発行　にじ色ライフプランニング情報センター
164-0003 東京都中野区東中野1-57-2　柴沼ビル41
電話03-6279-3094
yz235887@za3.so-net.ne.jp

イラスト　キャミー
表紙装丁　加納啓善

発売　株式会社 太郎次郎社エディタス
113-0033 東京都文京区本郷3-4-3-8Ｆ
電話03-3815-0605